国家社会科学基金重大项目
《我国预算绩效指标框架与指标库建设研究》(12&ZD198)的阶段性成果，
并受南开大学百名青年学科带头人培养计划资助。

现代财政制度与国家治理前沿文库

丛书主编　马蔡琛

Macroeconomic
policy effect analysis

宏观经济政策效应分析

姜欣　著

山西出版传媒集团　山西经济出版社

总　序

21 世纪的现代财政制度向何处去？

　　尽管 21 世纪的宏伟画卷才仅仅展开了不到五分之一，但每当我们思考 21 世纪的现代财政制度最终将走向何方的时候，都不禁感慨吾生有涯。

　　其实，何谓现代预算或现代财政制度，本身就是一个颇难界定的范畴。在现时的中国，涉及财税改革的诸多话题，往往受到所谓美国"进步时代"的启示，甚或上溯至英国光荣革命以来的财政传统。然而，历史并不重复，它只是押韵而已。其实，就常识而言，数百年前英美诸国的财政预算改革，大体属于"近代财政制度"，而非"现代财政制度"。近百年来，各国的财政制度已然从早期更具控制性的约束工具，逐渐转化为国家治理的重要制度载体与支撑平台。现代各国的财政改革与制度建设，在追求决策理性化的过程中，逐渐演化出一系列更具绩效导向性与财政问责性的管理工具。对于现代财政制度的认识，也大体可以循着当今世界的财政改革潮流、中国传统理财经验的斟酌取舍、中国现实国情的沧桑正道，这样三个维度来加以界定。

　　始于 21 世纪第一个十年之末的这一轮全球性金融危机，导致公共财政资源进一步匮乏，这也触发了当代政府理财者对于财政预算管理范式的反思与自省，世界各国政府都在不断地探寻改进公共财政管理体系的方法。我相信，这套《现代财政制度与国家治理前沿文库》的出版，对于现代财政制度多维度的探索与分析，对于正在积极推进中的中国现代财政制度建设，应该具有非常重要的启示性价值。

　　"如何用好百姓的钱"作为人类文明史演进中不得不回应的一个重要命题，从理论上说，应该是可以找到一条理性、审慎且和谐地配置公共资源的路径。这应该是 21 世纪我们这个星球上的一个发展潮流，尽管难免会有所波折，但仍旧是初心不变。最后，我想借用百岁棋圣吴清源对 21 世纪围棋的展望，就其句式略加改动，以为结语和期许：现代财政制度本应是一种调和、均衡、和谐的状态。21 世纪的财政预算应该是重视整体的和谐的财政制度。中国的财政改革生机盎然，前途无量！

马蔡琛

2017 年 6 月于南开园

序

　　自 20 世纪 30 年代凯恩斯主义宏观经济理论形成以来，至今已有 80
余年。在这期间，世界上越来越多的国家政府相继将财政政策作为其实现
社会经济需求管理的主要工具。但是各国政府的实践经验表明，实施财政
政策能否产生预期的政策效果则具有相当的不确定性。例如，第二次世界
大战以来，西方各国政府不断加大对宏观经济的干预程度，逐渐导致财政
赤字居高不下，巨额财政赤字又引发高税收、高利率、高通胀率，乃至国
际收支的长期不平衡，最终，大约在 20 世纪 70、80 年代，各国出现了程
度不等的"滞涨"局面。因此，人们开始反思，长期推行（以扩张性为典
型特征的）凯恩斯主义财政政策是否为政府干预宏观经济、稳定就业、刺
激经济增长的合适的政策选择。20 世纪 90 年代，主要发达国家的经济理
论界对此展开了广泛争论，其焦点在于：（1）近代国家以凯恩斯主义
经济学为理论依据，（主要是通过财政政策与货币政策）对市场经济实
行的积极的政府干预给社会经济生活带来的是一种积极的，抑或消极的
影响？（2）政府长期推行审慎财政政策必定具有（以布坎南为代表的
公共选择理论所详细描述的）风险特征，那么政府能否有效地规避这些
风险？（3）如果不适当的经济政策给社会经济造成负面影响，政府是否
有能力修复被政策扭曲的经济环境？

　　如何解释、解决上述问题，既有赖于经济理论，尤其是财政理论的不
断发展与深化，也有赖于政府的政策调整与创新。公正地讲，在现代经济
社会中政府推行的积极财政政策（在发达国家一般称之为审慎财政政策）
是必要的，该政策手段之宏观经济调控作用为其他经济政策手段所无法取
代。人们似乎并无理由仅仅由于现代财政政策存在的某些不足而要求政府
完全放弃实施积极的财政政策。但是，认真研究现代财政政策之有效性问
题则是必要的，也是经济学理论界长期任务之一。事实上，20 世纪末以
来，各国支持、反对，或折中凯恩斯主义经济学思想体系的经济学流派，

都在凯恩斯主义经济政策之"有效性"方面提出了各自的观点。换言之，有关凯恩斯主义财政政策能否有效促进经济总产出增加（提高劳动就业）的争论长期以来从未停止过，财政政策的"有效性""灵敏性"和"稳健性"依然成为当前宏观经济学争论的焦点，围绕着这一问题的理论和实证研究仍然是宏观经济学中非常活跃和重要的一个领域。

本书作者意识到，理论界围绕财政政策有效与否展开的争议，主要是源于人们在关于不同性质的财政政策对社会经济的影响作用（如经济增长、扩大出口、内需提升、就业增加等）是"凯恩斯效应"，还是"非凯恩斯效应"方面存在着理论分歧。而近几十年里出现的关于"非凯恩斯效应"的理论证明，如贾瓦齐与帕加诺（Giavazzi and Pagano）于 1990 年发表的关于丹麦 1983~1986 年和爱尔兰 1987~1989 年实施紧缩性财政政策也能促进国内私人消费和投资的增长，则被视为是对传统凯恩斯主义经济理论的挑战。那么，深入、系统研究有关问题，对现代财政政策"有效性"与否做出科学判断，对于完善财政政策理论，对于在实践中不断提高财政政策针对性并减少政策扭曲，均具有重要的现实意义。

本书的研究过程是沿着如下逻辑路线展开的：首先，在国外财政政策有效性及非凯恩斯效应理论梳理的基础上，对财政政策"有效性"及"非凯恩斯效应"分别进行规范研究和实证研究。然后，对我国改革开放以后实施的财政政策之运行效果进行分析，通过测算财政政策乘数的大小来判断财政政策有效性程度。与此同时，作者也测算了我国"非凯恩斯效应"存在区间，以此阐释该效应对政府财政政策有效性的一般影响。

本书作者以"IS-LM 模型"为主要分析框架，在利用广义差分变换和最小二乘估计法等计量方法对财政政策效果进行静态分析基础上，再利用可变参数的状态空间模型和协整检验法对财政政策效果进行动态分析。这样做不仅弥补了单纯静态分析方法的某些缺欠，而且也为财政政策有效性的实证研究提供了新思路。可以肯定地说，作者结合静态、动态分析方法的研究方法对财政政策有效性进行全面、系统的分析是本书的明显创新点之一。此外，作者也利用了马尔科夫区制转移向量模型对两区制下财政政策对经济增长的区制总效应和区制分效应进行比较分析。该方法运用得当，为财政政策有效性的实证研究提供了新思路，也应该是创新性所在。

值得指出的是，本书的实证检验结果表明，改革开放以来，我国在不同时期实施的财政政策的确存在过"非凯恩斯效应",直到 2002 年以后,"非凯恩斯效应"才日益减弱,财政政策呈现越发显著的"凯恩斯效应"。针对这种情况,本书以大量篇幅专门研究了优化财政政策的对策建议。基于理论模型和实证检验方法得出的结论,以最大限度减少主观价值判断成分为原则,作者结合具体国情、社会现实、公众感受,以及外部经验等,提出具有高度可操作性的政策调整建议,体现了本研究成果的适用性、实用性。这些对策建议大多不是对已有研究成果的简单重复,而是选取新角度,结合新问题展开的,以期尽快改善现行财政政策的实施效果。

姜欣同学 2006 年 7 月毕业于大连民族学院,获得经济学学士学位,当年 9 月考入南开大学财政系攻读财政学硕士学位,并于 2008 年毕业,获得硕士学位。两年后,出于工作需要和自我提高要求,于 2010 年再次考入南开大学财政系攻读财政学博士学位。在学期间,不仅认真进修规定的各类课程,取得优异成绩,而且努力探讨了公共财政理论体系中的一个重大议题,即凯恩斯主义财政政策之有效性问题。经过三年努力,完成题为《财政政策有效性及非凯恩斯效应——基于中国的经验分析》的博士论文,取得了较为令人满意的阶段性研究成果。姜欣同学毕业后,应聘在辽宁某高校从事高等教育工作,同时继续她的既定的研究活动,本书即在博士论文基础上改写后形成。当然,作为阶段性研究成果,本书也还存在某些不足之处。例如,受个人学识水平、可用资料数据等客观因素局限,作者虽然证明了在我国的财政经济过程中存在着"非凯恩斯效应",也深入分析了其对现行财政政策的影响,但并未对"非凯恩斯效应"的作用机制展开深入探讨,希望作者在后续的科研活动中尽快完善这方面的研究内容。

相信本书的出版不仅会进一步丰富我国经济学研究领域关于宏观经济调控理论的研究内容,而且也为我国政府相关的社会经济干预活动提供了更多的有价值的参考依据。

张志超

2018 年 6 月于南开大学

目　录

第一章　导论

- ●选题背景和研究意义
- ●基本概念、研究思路和本书的框架结构
- ●研究方法、创新点与难点

　　本章作为导论，对本书的选题背景与意义、研究对象与研究目标、研究方法与基本思路、创新点和难点等问题进行了简要的介绍与说明。

　　本书以宏观经济学理论、公共财政理论为基础，利用财政政策理论及其相关理论（如计量经济学理论等），重点研究我国的财政实践活动。在综合国内外学者提出的相关理论和实证研究结果的基础上，笔者在研究过程中运用规范与实证分析相结合、定性与定量分析相结合、静态与动态分析相结合和比较研究与综合分析相结合的研究方法，以便系统阐释我国现行财政政策的有效性及其程度，努力揭示可能存在的"非凯恩斯效应"并寻求其生成原因。

第一节 选题背景和研究意义

一、选题背景

凯恩斯主义经济学（Keynesian）自20世纪30年代诞生以来，其便一直认为政府干预宏观经济实现对经济进行需求管理及直接宏观调控的主要工具是财政政策。不过，长期以来，西方各经济学派对政府在实施财政政策时能否产生预期的政策效果这一问题的看法各有不同，这些不同看法促使西方各经济学派的财政政策理论不断发展与完善。凯恩斯及其追随者，基于20世纪30年代发生在西方国家的经济"大萧条"现实，认为在存在大量劳动失业情况下，财政收支变动所引致的总需求之同方向变动会立即生效，而所引致的名义工资和价格的变动却不是等幅的，因此，财政政策被认为是有效的。上述理论主张不仅为这些国家政府干预市场经济提供了政策指导，而且相关政策的实施的确为西方国家20世纪30年代经济"大萧条"后的"经济复苏"以及20世纪40年代第二次世界大战后的"经济增长"做出了巨大贡献。

然而，西方国家的宏观经济环境自20世纪70年代后发生了重大变化，"滞胀"问题对西方主要工业国家造成不同程度的困扰，凯恩斯主义的经济政策在解决该问题上却显得捉襟见肘，似乎束手无策。对此，以倡导"自由经济"为基调的古典经济学、公共选择理论、新制度经济学，以及后来形成的新古典宏观经济学等学术流派，都对凯恩斯主义经济政策之"有效性"提出了各类质疑，甚至直截了当地反对政府继续实施"干预性政策"。面对种种质疑，凯恩斯主义经济学也在不断地完善其自身，逐渐形成了后凯恩斯主义、新凯恩斯主义等学派，他们都认为政府进行总需求管理的最重要手段仍然是财政政策，其对经济总量的调节作用在短期内仍较为明显，而其长期作用较为不确定。由此可见，关于财政政策能否熨平商业周期并促进经济增长的争论，以及财政政策之"有效性""灵敏性"和"稳健性"的讨论，依然是当前宏观经济学理论研究的重点。

不仅如此，更为值得注意的是，20世纪90年代，贾瓦齐和帕加诺（Giavazzi and Pagano，1990）研究发现，丹麦政府和爱尔兰政府分别在

1983~1986 年间和 1987~1989 年间实施过紧缩性财政政策，其对私人消费和投资的政策效果则是促进了它们的增长。据此，他们提出了财政政策的"非凯恩斯效应"问题。此后，国外理论界和实务界在继续探究财政政策之"凯恩斯效应"的同时，也把注意力集中在财政政策之"非凯恩斯效应"的检验和研究方面，并且得出了一些不同以往的结论。坦率地讲，有关财政政策对经济增长和私人消费的作用，是否具有"凯恩斯效应"（抑或是否具有"非凯恩斯效应"），在理论上存在着巨大分歧，国内外研究者们难以达成一致意见。一些经济学家认为，扩张性财政政策将刺激国内产出和私人消费的增加，即财政政策对经济增长和私人消费具有"凯恩斯效应"；而另外一些经济学家则认为，扩张性财政政策对国内产出、私人消费和投资产生相反的影响，即财政政策对经济增长和私人消费具有"非凯恩斯效应"；还有一些经济学家认为，财政政策在有些时间段内具有"凯恩斯效应"，而在另一些时间段内具有"非凯恩斯效应"，即财政政策对经济增长和私人消费具有"非线性效应"。总之，财政政策之"非凯恩斯效应"的提出是对传统凯恩斯主义经济理论的一种挑战，深入、系统研究之对于完善宏观经济学理论，完善财政政策理论均具重要的学术意义。

财政政策之"非凯恩斯效应"问题在我国也有发生。我国政府自 1998 年到 21 世纪初期，连续实施了几年扩张性财政政策，但其政策效果却不甚令人满意——既没有明显地带动国内私人投资规模的提高，也没有对国内消费需求产生强势的扩张性影响。[①]由于这一时期的扩张性财政政策对经济增长未能发挥应有的作用，因此，关于财政政策还能否承担调控宏观经济运行任务的这一问题，受到了广泛质疑。可以说，现实呼唤着经济学家们要进一步深入研究有关财政政策的有效性问题。换言之，对于国内学者来说，在公共财政理论研究方面，将研究重点适当地转移到财政政策有效性及非凯恩斯效应等问题上是一种现实的要求。

---

①例如,这些年里,扩张性财政政策影响下的全社会消费品零售总额的增长速度常常低于国内经济增长速度,民间投资也一直增长乏力。再如,2002 年我国城乡居民储蓄额超过 8 万亿元,而金融机构的存贷差由 1998 年的 9174 亿元上升到 31302 亿元（2002 年统计数据）,平均增长率高达 50.5%,大大高于同期存款增长速度。又如,直到 21 世纪初,国内银行系统的存贷差占国内存款总额的比重仍然不断上升,2002 年 6 月底存贷差已达到 34007 亿元,大体说明约有 1/5 的银行信贷资金没有得到有效利用,即大量的储蓄无法转化为经济投资。参见:国家统计局综合司课题组.对居民消费价格持续下降的分析[J].中国统计,2003(2):23~25.

正是出于上述考虑，笔者决定将财政政策有效性及非凯恩斯效应问题列为本书的主要研究内容，也深知这一研究工作的重要性和迫切性。笔者希望通过对我国现行财政政策的有效性及非凯恩斯效应问题进行理论分析和实证检验，得出某些有价值的研究成果，并为我国财政政策实践提供一些有意义的指导。

二、研究意义

自 1998 年以来，我国经济连续多年来高位运行，尽管 2008 年的金融危机对我国经济增长发生某些不利影响，但此后连续两年的经济增长率依然接近 10%。尽管如此，我国宏观经济的结构问题却变得更为严重：一是消费市场拓展难度增大，消费增长难以保持在一个较高的水平上；二是近年来货币发行量增长较快，国内物价水平持续出现了向上波动的压力；三是政府，尤其是地方政府的社会投资热情高涨，而私人投资却裹足不前；四是中央政府用于宏观经济调控的手段有限，而调控目标在短期内频繁变动。在这样的国内经济大背景下，人们更加关心政府制定的财政政策，作为政府宏观调控的主要工具之一，能否切实发挥总量调整与结构调整的双重作用，能否在较短的时期内实现既定的社会经济目标，如此等等直接涉及国计民生的重要问题。逻辑上讲，只有在全面、科学地了解财政政策发挥社会经济调节效应的基本规律之后，政府才能懂得如何使财政政策有效地发挥作用，在保证经济增长的同时缓解宏观经济中的结构问题，才能最终做到有的放矢地制定相应的财政政策以妥善解决上述诸问题。可见，在我国加快研究财政政策之"有效性"问题乃当务之急，具有重要的现实意义。

具体到本书的研究工作，现实意义也很明显：（1）尽管国外研究人员对"财政政策有效性"问题进行了大量实证研究，但是其有关研究分析结果常不能为我国的财政政策实践提供直接的指导或参考。考虑到基本国情差异，笔者在借鉴国外研究方法和研究思路的基础上，对我国财政政策实施效果的一些特征和规律进行了重新探寻。（2）近年来，在研究"财政政策有效性"问题上，我国也有不少学者投入了大量精力，并且取得了一定数量的有价值的学术成果，这对指导我国政府实施财政政策进行调控的实践活动提供了一些有益的帮助。然而，在阅读文献时可以发现，其中为数不少的研究成果在条件假设、分析方法和基本结论上都还存在着诸多值得进一步推敲的地方，即改进空间很大。特别是在"财政政策非凯恩斯效应"方面，目前国内研究工作的整体质量仅属差强人意，尚有待深化、系统化。笔者力图通过实证检验阐释我国财政政策实践效果，得出"非凯恩斯效应"存在与否及其是否对财政政策有效性具有影响的结论，以便从一个全新角度来评价我国财政政策的有效性。

第二节　基本概念、研究思路和本书的框架结构

一、几个重要的理论概念

社会科学研究发现，任何一个理论体系均有"与时俱进"的特征，公共财政理论体系亦不例外。一些原本看来似乎已经被普遍接受、认同的概念，在历经了长期变化发展之后，其内涵依然会随着时间的推移、社会环境的改变，以及人们观察问题视角的变化而发生变化。因此，为了避免导致概念纠缠的陷阱，本书在确定研究思路、理论框架、内容结构安排时，有必要首先对研究工作涉及的几个基本概念进行辨析和说明。

第一，财政政策有效性。理论上，关于财政政策之"有效性"的研究，通常是在两个层次上予以展开的。一是研究财政政策实施能否影响经济社会的实际总产出达到预期的目标，如果实际效果证明既定的财政政策对实际总产出的变化产生了"积极影响"，则表明财政政策有效，并有助于其实现预期经济目标；反之，则表明财政政策无效，并无法实现预期经济目标。二是在财政政策有效被承认的基础上，研究其对实际总产出的影响程度或大小，即更偏重于实证性分析。这里，财政政策"有效性"的研究主要集中在两个方面：（1）财政政策的总量效应，即实际总产出是否能被"税收"与"支出"的总量调整所显著地影响，以及影响程度的大小；（2）财政政策的结构效应，即（以所占财政收支总额比例为标志的）"税收"结构调整与"支出"结构调整能否显著地影响实际总产出，以及影响程度的大小。

本书重点研究第一层含义的财政政策"有效性"问题，即研究重点主要放在财政支出总量对经济增长的影响方面。

第二，财政政策非线性效应。财政政策对影响总需求的方式在凯恩斯经济理论看来非常直接：扩张性财政使总需求增加，而紧缩性财政则使总需求降低，"凯恩斯乘数"被用来评价财政政策影响总需求的程度。在封闭经济中，"挤出机制"通过利率来影响"乘数效应"；而在开放经济中，"汇率机制"也是通过利率的变化来影响"乘数效应"。然而，在上述两种情况下，"乘数效应"都是大于零的；换言之，在这个体系中，"乘数效应"永远不会为负值。人们把上述财政政策具有的"线性"特征，统称为"凯恩斯效应"。与此相对应，财政政策"非线性效应"是指，一国政府所实施的财政政策不仅仅具有"凯恩斯效应（Keynesian effects）"，而且在某些时期，或特定区制内，还具有"非凯恩斯效应（non–Keynesian effects）"，后者通常被视为对传统凯恩斯经济学理论的一种挑战。

第三，财政政策非凯恩斯效应。财政政策非凯恩斯效应（non–Keynesian effects）是指扩张性财政政策在一定条件下对经济变量（如经济增长、私人消费等）不产生效果，或产生了相反的效果，即"紧缩性"效果；同样，紧缩性财政政策对经济变量（如经济增长、私人消费等）也不产生效果，或产生了相反的效果，即"扩张性"效果。这种现象说明，无论在何种情况下，财政支出的"乘数效应"为零，或者为负值。财政政策"非凯恩斯效应"的提出是对传统凯恩斯主义经济学理论的挑战，证实了财政政策乘数在某些情况下是可以为"负值"的。财政政策"非凯恩斯效应"这一理论的提出，既是对传统财政政策理论的挑战，也是对传统财政政策理论的完善与发展，从某种意义上讲，可以利用一个全新的思路对财政政策的有效性进行评价，并从一个新的方向和高度对财政政策进行研究，这种探索和尝试被我们认为是对指导财政政策实践具有重要的创新意义。

鉴于本书财政政策有效性的研究重点为财政支出总量对经济增长的影响方面，且本书力图通过实证来验证非凯恩斯效应对财政政策有效性是否有影响，以及受技术手段和相关研究成果的限制，本书所研究的"非凯恩斯效应"，主要关注的是财政支出总量对经济增长的一般影响。

二、研究思路

本书的研究主题是财政政策有效性及非凯恩斯效应。政府在市场经济条件下间接调控宏观经济运行的最重要政策手段是财政政策，财政政策有效性的最主要表现应该为促进经济增长，且其非凯恩斯效应的主要表现则应该为对经济增长及有效性的影响。基于对这一主题的认识，本书提出了如下研究思路：

本书依据"理论梳理—模型分析—实践效果分析—实证支持"的学术范式，将沿着如下路径，依次展开有关的研究工作。首先，在认真学习、理解、梳理国内外学者相关研究成果的基础上，对财政政策有效性及非凯恩斯效应进行理论梳理和模型分析。而后，基于此，还要对我国财政政策的运行效果进行严密考察，对我国财政政策乘数的大小进行实证测算，以此对我国财政政策之"有效性"的程度予以说明。与此同时，本书测算我国财政政策的"非凯恩斯效应"的存在区间，以便阐释"非凯恩斯效应"对我国政府利用财政政策进行宏观经济调控的一般影响。

在研究过程中，本书将利用协整检验、可变参数状态空间模型、向量自回归模型、马尔科夫区制转移模型及其他计量经济模型和时间序列分析方法对我国财政政策有效性及非凯恩斯效应进行实证检验，并对实证结果予以分析。

笔者认为，本书的研究是选取新角度、围绕新领域展开的，而不仅仅只是对已有研究成果的简单重复。本书在修补已有财政政策效应研究成果的基础上，并尽力将有价值的参考依据提供给我国宏观调控实践。具体研究路线如图 1.1 所示。

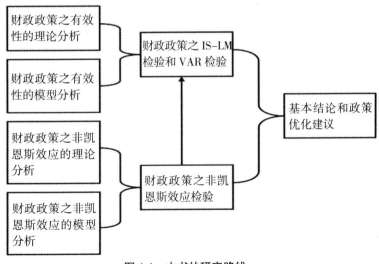

图 1.1　本书的研究路线

三、框架结构

基于上述研究思路，本书的研究内容共分为十章，具体结构安排如下：

第一章，导论。首先对本书的选题背景和研究意义进行了阐述；其次在明确本书研究的相关概念和研究前提的基础上，提出本书的研究思路和框架结构；最后归纳出本书的创新之处、难点和不足之处。

第二章，相关文献综述与评析。对国内外现有的有关财政政策之"有效性"及"非凯恩斯效应"问题的研究成果进行梳理与评析。国内外有关财政政策之"有效性"问题的观点包括财政政策有效、财政政策无效和财政政策不一定总是有效这三种；国内外有关财政政策之"非凯恩斯效应"问题的观点是存在的，只是在其存在区间，产生原因和条件等问题上的观点还存在分歧。

第三章，理论与模型。首先梳理出西方各经济学派关于财政政策之"有效性"问题的主要观点；其次在封闭经济框架下，分析 IS 曲线斜率和 LM 曲线斜率对财政政策之"有效性"的影响，并分析框架拓展到开放条件下，得到蒙代尔—弗莱明模型，进而分析蒙代尔—弗莱明模型下财政政策之"有效性"问题；最后再梳理出西方各经济学派关于财政政策之"非凯恩斯效应"问题的主要观点，并借助非瓦尔拉均衡理论（Non-Walras Equilibrium Theory）中的巴罗-格罗斯曼宏观一般非瓦尔拉均衡模型（Barro-Grossman Macro General Non-Walras Equilibrium Model）对财政政策之"非凯恩斯效应"问题进行模型分析。

第四章，财政政策效应的影响因素分析。首先对财政政策实施过程中带来的风险进行分析，研究我国财政政策可能面临的财政风险；其次，在分析财政政策优缺点的基础上，分析我国财政政策的时滞，以及财政政策的可持续性问题；最后，在分析了风险和时滞对财政政策效应的影响之后，根据 IS-LM 理论分析，具体分析影响 IS 曲线和 LM 曲线斜率中的具体项的因素，进而得出详细的影响财政政策效果的因素包括哪些。

第五章，我国财政政策的历史进程及其运行效果。首先对我国改革开放以来实施的财政政策进行总体回顾，为全书研究提供必要的现实背景；其次对中国特色的财政政策理论进行了详细的阐述；最后，对我国改革开放以来的中国特色财政政策的实施效果利用时间一致性理论进行实证分析。

第六章，我国财政政策宏观调控实践效果分析。首先，对我国财政政策宏观调控实践进行了分阶段的分析，并对每个阶段财政政策宏观调控的特征进行了详尽的分析；其次，对我国财政政策在经济增长、物价稳定和自动稳定周期方面的有效性进行了详细的概括；最后，针对上述有关财政政策宏观调控实践中存在的问题，提出相应的优化政策建议。

第七章，财政政策之 IS-LM 检验。首先将 IS-LM 的理论模型拓展为符合我国实际情况的实证模型；其次根据所建立的实证模型，利用最小二乘估计法（OLS）估算出我国 1978~2011 年间的消费函数、投资函数、净出口函数以及利率函数的静态形式，进而测算出静态条件下我国财政政策乘数；最后利用可变参数状态空间模型（Time-Varying Parameters State Space Model）估算出我国 1978~2011 年间的消费函数、投资函数、净出口函数以及利率函数的动态形式，进而测算出动态条件下我国财政政策乘数，并进行实证结果分析。

第八章，财政政策之 VAR 模型检验。首先对财政政策的向量自回归检验方法和向量自回归模型进行详细阐述；其次在对实证数据的处理方法进行详细阐述的基础上，对实证模型的设定进行了滞后阶数的确定，并最终确定实证模型的具体形式；最后，对向量自回归模型的估计结果进行分析，同时进行了脉冲相应函数分析和方差分解分析，找出财政政策对社会需求各组成部门的具体影响，并分析了原因。

第九章，财政政策之非凯恩斯效应检验。首先对财政政策非线性效应的检验方法（non-linear effect）和马尔科夫区制转移自回归模型（Markov-switching VAR）进行详细阐述；其次在对实证数据的处理方法进行详细阐述的基础上，对实证模型的设定进行了滞后阶数和最佳模型形式的检验，并最终确定实证模型的具体形式；最后，根据马尔科夫区制转移回归模型利用极大似然法（EM）对财政政策之"非凯恩斯效应"的存在区间及其对财政政策有效性是否具有影响进行实证检验。

第十章，实证结论与政策优化建议。依据前文的分析总结出本书研究的基本结论，并提出相关的财政政策优化建议。

第三节　研究方法、创新点与难点

一、研究方法

本书以宏观经济学理论、公共财政理论为基础，利用财政政策理论及其相关理论（如计量经济学理论等），重点研究我国的财政实践活动。在综合国内外学者提出的相关理论和实证研究结果的基础上，笔者在研究过程中运用规范与实证分析相结合、定性与定量分析相结合、静态与动态分析相结合和比较研究与综合分析相结合的研究方法，以便系统阐释我国现行财政政策的有效性及其程度，努力揭示可能存在的"非凯恩斯效应"并寻求其生成原因。

运用规范分析与实证分析相结合方法研究财政政策的"有效性"及其"非凯恩斯效应"，具有高度复杂性。作为特殊的财政经济现象，相关研究工作不能仅仅满足于规范性理论分析，而为了尽量减少研究者之主观价值判断的影响，研究活动得出的几乎所有结论都必须接受实证检验。因此，实证检验分析成为本书的研究工作重点。不过，鉴于通过理论模型和实证检验方法得出（或筛选得出的）一些结论，也并不一定能够保证其具有准确无误的性质，研究者还要根据具体国情、社会经济现实，公众的普遍感受，以及理论经验等，对基于理论模型和实证检验分析得出的结论给予规范性解释，以使这些结论成为具有高度可操作性的政策调整之理论依据。

二、创新之处

本书研究的创新之处主要体现在如下几个方面：

第一，本书以财政政策有效性及非凯恩斯效应为研究对象，进行系统的理论分析和实证分析。笔者认为，利用关于"非凯恩斯效应"的研究成果，解释、修正以往人们关于"财政政策有效性"的研究结论，或者将其整合到后者中，不仅有助于推动国内理论和实务界在这方面研究的深度和广度，甚至会起到某种填补空白的作用。

第二，本书以 IS-LM 模型为主要分析框架，通过静态与动态分析相结合的研究方法对财政政策有效性进行全面、系统的分析。一方面利用广义差分变换和最小二乘估计法（OLS）等计量方法对财政政策效果进行静态分析；另一方面利用可变参数状态空间模型（Time-Varying Parameters State Space Model）和协整检验法（Cointegration Test）对财政政策效果进行动态分析，不仅静态分析方法的不足在此被克服了，而且财政政策有效性实证研究的新思路也被提出了。

第三，本书利用国外最新发展起来的经济计量分析方法——马尔科夫区制转移向量自回归模型（Markov-switching VAR）比较分析两区制下财政政策对经济增长的区制总效应和区制分效应，在实证上证实了财政政策之"非凯恩斯效应"对财政政策有效性的影响，这种分析方法为财政政策有效性的实证研究提供了另一种新思路。

三、本书写作的主要难点

首先，在研究数据的可得性与真实性问题上，由于转移支付和私人部门投资在我国还没有统计资料，要想获得这方面的数据，就只能利用其他方式来替代。例如，转移支付的数据利用专项转移支付与民政事业费之和来替代，私人投资的数据则利用资本形成总额与固定资产投资中的国家预算资金投资之差来替代等。此外，由于我国国家统计的数据口径还经常更改，这都给本书的研究带来了不少困难。

其次，有关财政政策之"非凯恩斯效应"问题的研究起步较晚，且多为实证研究，其理论研究缺乏，且还没有形成统一的理论观点，这给本书的研究带来了一定程度的困难。

最后，有关财政政策之"非凯恩斯效应"对财政政策有效性影响问题的研究，目前国内相关问题的研究停留在定性分析上，这给本书的实证研究带来了一定程度的困难。同时，受笔者学识水平、资料和相关研究进展等方面的局限，这也成了本书研究的不足之处，本书只是从实证上证明了非凯恩斯效应的存在确实对财政政策有效性有影响，但对其影响机制以及影响大小都没有进行具体的研究，这也将成为笔者日后努力的方向，笔者今后将加倍努力研究，尽量从理论和实证角度都能完善本议题的研究。

第二章　相关文献综述与评析

●财政政策之"有效性"问题
●财政政策之"非凯恩斯效应"问题

　　财政政策作为政府干预社会经济的主要政策形式之一，既是政府实施需求管理的主要工具，也是政府一直以来进行宏观调控的首选政策方式。然而，关于政府实施财政政策，尤其是凯恩斯主义的财政政策，能否产生预期效果，则一直是国内外经济学家们理论争议的重要问题。在宏观经济学领域，长期以来，人们围绕这一议题所进行的相关研究活动产生了大量的理论文献和实证分析成果，不仅为当今的研究活动奠定了坚实的理论基础，而且提供了许多具有实用价值的研究方法、手段和技术。

　　本章分两节对国内外关于财政政策之有效性问题和财政政策之非凯恩斯效应问题，分别进行较为全面的文献梳理工作，并做出某些评析，以便在深入、规范研究前人学术成果的基础上，更好地确定本书研究工作的切入点和研究工作的重点，并且寻找更为适宜的研究方法。

第一节 财政政策之"有效性"问题

财政政策之"有效性"问题不但是指导各国政府制定宏观调控经济政策的重要参考依据，也是国内外经济学家们争论的焦点，更是其进行财政政策研究的重点。关于财政政策有效性问题的理论或实证研究是宏观经济学研究中的重要组成部分，本节就财政政策有效性这一问题，对国内外学者的主要研究成果进行较为全面的文献梳理。

一、国外学者的主要研究成果

就财政政策之"有效性"这一问题来看，国外学者从理论和实证这两个角度进行了广泛而深入的研究。在对这些研究成果进行总结时发现，有三种观点大致形成了，且被普遍认同。①财政政策有效，即财政政策能够有效调节经济，抚平经济波动稳定经济增长；②财政政策无效，即财政政策调节经济的效果不显著或者加剧经济波动；③财政政策不一定总是有效，即财政政策有时有效，有时无效。

（一）观点一：财政政策有效

大多数学者从财政政策调节经济、应对危机以及财政政策乘数和财政政策有效性的影响因素等分析角度来支持财政政策有效命题。在分析财政政策调节经济方面，马库斯（Marcus，1952）从国家经济组织所选择的经济政策的具体实施效果角度，来分析加拿大的财政赤字政策有效性，他认为原本加拿大的经济主要依赖于英美市场，进口和出口都受纽约市场的拉动影响，20 世纪 30 年代经济萧条对加拿大的冲击，使得加拿大政府的决策者不得不考虑将充分就业或相对自由的国际贸易作为替代目标，因此，相对于加拿大的经济政策目标其财政赤字政策是有效的。朴永哲（Yung Chul Park，1973）利用传统凯恩斯主义的收入—支出模型对财政和货币政策的有效性问题进行了分析，分析显示在凯恩斯模型中财政政策起直接作用，而货币政策起间接作用，由此得出财政政策更能有效调节经济的结论。以往的研究认为，在不同利率水平下，当总需求水平稳定且只受随机冲击和利率的影响时，货币政策可能是抵消这些冲击的有效途径。而阿瑞特斯和萨维耶（Arestis and Sawyer，2003）认为这取决于这种利率能否实现总需求与总供给的平衡，同时也要对比货币政策与财政政策的力度，研究显示总需求的变化不能被货币政策所抵消，因此，财政政策仍然是抵消总需求水平发生重大变化的潜在有力工具。斯奈德和布鲁斯（Snyder and Bruce，2011）利用误差修正模型（ECM）研究两种政府稳定政策——财政和货币政策的有效性，通过研究货币政策和财政政策措施对消费、投资和产出运动的相对解释力的考察，得出货币政策比财政政策更有力的结论。

在分析财政政策应对银行危机方面，古普塔和卡洛斯（Gupta and Carlos，2009）从实证角度出发，利用发生在 1980 年到 2008 年的 118 个银行危机的数据来研究财政政策在此期间的有效性。研究发现在金融危机期间，扩张性的财政政策与这些危机持续较短时间之间存在很强的关系。这种财政扩张结构组成的重要性在于，公共消费比公共投资更能有效减少危机的持续时间。同时，扩张性的财政预算不会为随后的经济带来负增长，最重要的是，危机时期的公共投资增加是长期持久的经济复苏的关键。

在分析财政政策乘数方面，实证研究显示财政政策乘数通常起到积极作用，但是很小，也存在一些财政政策乘数具有消极作用的证据。然而，大多数的实证证据显示，在新兴市场经济国家，转型国家和发展中国家中没有财政政策有效的证据。巴尔达奇、坎贾诺和马赫福兹等（Baldacci，Cangiano and Mahfouz et.al.，2001）得出了与此相反的结论，其利用大量数据包括新兴市场经济国家和发展中国家，来考察理论文献中的一些因素能否解释财政政策在应对经济衰退方面是有效的。结果显示，扩张性财政政策对缓解经济衰退是有效的，何硕俊（Seok-Kyun Hur，2007）通过实证探讨了韩国财政调整行为对抚平经济波动是否有效，其利用 1979 年到 2000 年的季度数据建立向量自回归模型（VAR）估计财政支出和税收的财政乘数，估计结果显示，韩国的财政乘数很小。李维（Wei Li，2007）对何硕俊（Seok-Kyun Hur，2007）的研究进行了评价，他认为得出韩国财政乘数较小的结果是基于新古典假设和非线性假设。弗尼和皮萨尼（Forni and Pisani，2009）根据欧盟区财政行为协调一致的原则，利用一个中等规模的两区制随机动态一般均衡模型（DSGE）来量化财政乘数的变动，研究结果显示，在根据历史经验推断出的货币政策反映宏观经济偏差的假设前提下，财政协调能够增加 GDP 乘数。在宽松的货币政策（名义利率不变）且存在财政协调的情况下，GDP 乘数能够翻倍。

在分析财政政策有效性的影响因素方面，根据凯恩斯主义挤出效应理论，挤出效应的存在则削弱了财政政策的有效性。比特（Buiter，1977）证实了这一观点，他利用一个小规模的充分就业模型来分析各种形式的直接挤出效应对财政政策有效性的影响，研究显示，不存在挤出效应时，财政政策完全有效；存在一定程度的挤出效应时，财政政策的有效程度也是有限的。萨曼塔和瑟夫（Samanta and Cerf，2009）利用发展中国家的一套最新时间序列数据，来确定收入分配平等程度与政府支出对经济有效性之间关系，分析结果显示，收入分配对财政政策乘数具有明显的负面影响。传统思想认为，较高的资本流动会削弱财政政策的有效性，而皮尔兹欧辰（Pierdzioch，2003）反驳了这一观点，其利用了一个开放宏观经济中的两国动态一般均衡优化模型来分析国际资本流动对财政政策有效性的影响，分析显示在较高的资本流动水平下也能增加财政政策的有效性。梅洛、康萨德和皮埃斯（Mello，Kongsrud and Price，2004）以 21 个 OECD 国家 1970~2002 年的数据为样本，利用 IS-LM 模型分析财政政策行为可能被私人储蓄预期变化所抵消的程度，基于模型分析，私人储蓄与公共储蓄之间的抵消作用约在 1/3 到 1/2 之间，研究结果表明私人储蓄影响财政政策的有效性。

（二）观点二：财政政策无效

部分学者是从财政政策能否促进产出和稳定经济等分析角度来支持财政政策无效命题。海勒和斯塔尔（Heller and Starr，1979）利用微观经济的跨期消费行为建立了一个传统的宏观消费函数并以此来分析财政政策的有效性，分析显示当消费者完全可以预见到当前政府债务融资的增加意味着未来税收的增加时，扩张性财政政策效果无效。李杰和唐礼华（Jie Li and Lihua Tang，2010）研究 1977 年到 2010 年发生的双重危机之间的 72 个时期中，财政政策和货币政策的有效性。扩张性货币政策有助于减少与双重危机有关的产出损失。然而，扩张性和紧缩性的财政政策对双重危机的影响没有明显效果。若将银行危机和货币危机分开，比较政策对单一危机的有效性，发现只有货币政策扩张能够减少与银行危机有关的产出损失，而无论是扩张还是紧缩的财政政策对银行和货币危机都没有明显效果。

巴米德勒（Bamidele，2011）选用 1961 年到 2008 年的样本数据，利用协整检验和向量自回归（VAR）模型的简化形式，探讨了尼日利亚财政政策工具——政府支出的有效性。分析结果显示，政府支出没有对经济增长产生任何积极影响，还加剧了经济的不稳定性且使经济更容易出现繁荣、萧条的周期。而哈桑（Hassan，2012）则利用结构向量自回归（SVAR）模型研究了埃及财政政策在稳定实际国内生产总值方面的有效性，研究结果显示，财政政策对经济活动的影响很弱，而财政的主导会加剧经济的不稳定性，因此，财政政策无法稳定产出波动。佩雷拉（Pereira，2012）也利用结构向量自回归（SVAR）模型分析了美国财政和货币政策的有效性随时间变化的证据。基于滚动样本的固定系数模型，估计的结果显示，政策冲击导致非常不稳定的产出且随着时间的推移明显减弱。特别是在财政冲击的情况下，部分时期内乘数没有传统的特征。当随机变量被直接纳入变量系数中时，输出响应变得更加稳定。在这种情况下，模型估计结果显示，近年来货币政策的影响是最稳定的，而财政政策继续疲软。

马蒂诺和史密斯（Martineau and Smith，2012）利用两次世界大战期间的 20 个国家的政府开支反应功能的异质性，来确定政府支出是否影响产出和加速经济复苏，研究结果显示，政府支出的增长并没有对产出的增长产生显著效果，因此，很少有证据显示财政政策对 1920 年到 1939 年的经济起到稳定作用。

（三）观点三：财政政策不总是有效

少数学者从文献回顾和实证分析角度支持财政政策不总是有效的命题。海明、凯尔和马赫福兹（Hemming，Kell and Mahfouz，2002）回顾了有关财政政策乘数的大小和财政政策乘数变为负的可能性的理论文献和实证文献，研究显示，财政政策乘数在经济中虽然起到了非常积极的作用，但是作用效果很小，研究也发现了一些财政政策乘数为负的证据，得出的结论是财政政策乘数有可能为负，这是与凯恩斯理论的财政政策乘数大于零的结论相悖的。马瑞纳斯（Marinas，2010）也是基于经济文献的研究发现，一旦由中央银行推动的扩张性货币政策没有增加私人经济组织的信心，那么恢复经济的最有效方法就是通过增加消费和私人投资的财政刺激，尽管这种恢复受危机影响的经济的方法是凯恩斯主义的解决方案，但有时在经济衰退期间财政扩张并没有产生预期的积极效果，这是因为私人经济组织对财政刺激的反应是有条件的，得出财政政策并不总是有效的结论。

而斯切若卡尔（Schirokauer，2012）则从实证分析角度，利用 1970 到 2009 年的 20 个 OECD 国家的非均衡面板数据研究在银行危机时期，政府周期性调整期主要财政预算平衡对短期经济增长具有不对称效果，也就是说，这种效果与观察到的政策情况是不同的。结果表明，在银行危机发生的当年和两年后，财政刺激政策可能对经济增长有这种不对称效果。然而，在较长的时间跨度上，通过货币政策操作的其他因素似乎更重要。

二、国内学者的主要研究成果

国内学者对财政政策有效性问题的研究始于 20 世纪 90 年代中后期，采用的研究方法主要是规范研究和实证研究，得出的观点有三种：①财政政策有效；②财政政策未能真正发挥效应；③财政政策长短期效应不一致。

（一）观点一：财政政策有效

国内多数学者都支持财政政策有效命题，对财政政策有效命题的分析也是从不同角度展开的。在分析理论分歧方面，学者们认为通过将各学派的理论分歧结合我国实际情况，可以在制定财政政策中避免一些盲目性，进而增加我国财政政策的有效性。李长明（1997）是从凯恩斯财政理论出发，系统分析了财政政策的作用机制和目标，并从西方各学派有关财政政策有效性的理论分歧上进行探讨，其认为凯恩斯学派与其他学派在财政政策有效性上的分歧主要来自对市场机制、供求失衡以及财政目标价值判断这三个方面上的不同认识，分析结果显示，尽管各学派在财政政策有效性问题上存在分歧，但是在现实中，财政政策还是有效的。杨君昌（2002）则是从凯恩斯主义和货币主义两个学派在财政政策有效性上的理论分歧这个角度进行分析，其认为我国实施积极财政政策的原理是来自于凯恩斯主义，得出我国目前实施的财政政策是有效的结论。

在分析经济发展方面，刘溶沧（1999）从经济增长方式转变的角度，分析了财政政策的总量政策效应和结构政策效应，他认为中国的财政政策收支总量对中国的经济增长起到了一定的助推作用，同时，中国财政的结构性政策选择在促进经济增长方式转变的过程中也起到了举足轻重的作用，因此，财政政策在促进经济增长方式转变方面也是有效的。高志文、张蕾和周锦（2009）从循环经济发展角度出发，分析显示在国内外循环经济发展中，税收、补贴、财政投资、排污收费、可交易的许可证、信贷优惠等财政政策措施得到了广泛的实施，这些政策措施在保护环境、消除污染、合理开发和利用资源方面产生了积极的效果。

在分析乘数理论和挤出效应理论方面，马拴友（2001）根据凯恩斯主义的总需求理论，推导出财政政策乘数公式，并利用 1983~1999 年的数据，估计出我国 IS-LM 曲线的具体形式，并对我国的财政政策乘数进行了测算，测算结果显示，我国财政政策对经济增长是有贡献的，即我国财政政策是有效的。李汉铃和徐放鸣（2001）利用乘数理论和挤出效应理论与财政政策有效性的关系，分析了当前中国实施积极财政政策的效果，分析结果显示，政府支出乘数会随着居民边际消费倾向的不断降低而不断降低，且会随着利率的上升产生挤出效应，由于乘数降低和挤出效应的存在，降低了我国实施积极财政政策的有效性。李永友和周达军（2007）利用传统凯恩斯模型和新古典总供需模型的结合，构建了一个可计量的财政政策利率效应分析模型，并对此模型利用两阶段最小二乘法进行了估计，估计结果显示，在统计上，我国财政政策对真实利率的影响并不显著，即通过利率机制，我国财政政策对私人部门投资需求产生的挤出效应是相当有限。

从国内学者有关财政政策乘数的研究成果来看，研究以静态分析为主，没有将时间因素加入分析财政政策效果中，相比来说，国外学者采用了动态分析法进行研究，这样使其所得出的结论更为严谨，也更具有说服力。

在分析政府支出对产出的影响方面，石柱鲜、石圣东和黄红梅（2003）在对我国实行的财政政策之"有效性"问题进行研究时，加入了货币流通速度变化这一影响因素，研究结果显示，我国货币流通速度在 1978~2001 年间呈下降趋势，且越来越缓慢；根据我国居民边际消费倾向和货币流通平均速度的估计值，对我国财政支出变化对 GDP 变化的影响程度进行了度量，采用此种方法度量的原因是我国财政支出的变化与货币流通速度的变化是同方向的，据此，得出扩张性财政政策在我国的实行是有效的结论。李永友和裴育（2005）利用我国 1979 年至 2003 年的数据对瓦格纳定律的六种表述进行协整检验，检验结果显示，变量间存在长期的均衡关系，但回归系数却没能证明瓦格纳定律在我国是成立的。之所以出现这种情况，通过利用 Chow 断点检验发现，主要是由于数据结构在 1994 年前后发生了巨大的变化，这种数据断裂不仅改变了变量序列的方程结构，而且也改变了变量的因果方向。同时发现自 1994 年之后，我国公共支出对国民产出具有较为显著的凯恩斯效应，即财政政策有效。

在分析政府支出对居民消费的影响方面，李永友和丛树海（2006）在对我国社会消费的总函数进行构建时，假设居民具有最优决策行为，并对我国改革开放以来的居民消费行为利用经验数据进行的实证分析结果显示，致力于总需求管理的我国财政支出政策调整对私人消费具有显著的促进效应，即我国财政支出政策调整对私人消费不仅没有产生挤出效应，反而产生挤入效应，且我国财政支出政策调整对总需求波动具有稳定效应。王文甫（2010）利用结构向量自回归（SVAR）模型，对我国宏观经济运行季度数据进行估计，估计结果分析表明，我国税收增加对总产量和消费具有负效应，而政府支出的增加对总产量和消费具有正效应。然而，这些经验事实却不能被完全竞争背景下的真实周期模型所完全解释。于是，王文甫（2010）在动态随机一般模型中加入了非完全竞争因素，例如，政府支出外部性、粘性价格、投资成本调整及流动性约束等，并据此构建了不完全竞争背景下的动态新凯恩斯主义模型，结果得出与结构向量自回归（SVAR）模型得出的结论相同。黄威和丛树海（2011）利用省级面板数据考察和比较了东、中、西部地区财政政策对城乡居民消费的影响，研究显示，财政支出政策对居民消费影响比财政收入政策的影响更显著，财政政策对农村居民消费的影响效果要高于城镇居民。

在开放条件下，张瀛（2006）将卡沃尔（Calvo）价格交错调整粘性和垄断竞争等因素加入奥布茨弗尔德—罗格夫（OR）模型中，构建了一个两国动态一般均衡模型，根据理论分析和数值模拟，得出了一个与传统蒙代尔—弗莱明（Mundell—Fleming）等模型不同的结论，即开放条件商品市场和金融市场一体化程度高会增加货币和财政政策的有效性。赵国旭和邝华明（2008）则借助协整和因果检验方法，考察了财政政策整体及其构成措施的效力，通过 1978~2005 年中国相关变量统计数据的实证分析显示，在开放经济下中国实施财政政策总体是有效的，开放经济下财政政策存在明显挤出效应，财政政策存在时滞，经济开放对时滞的影响并不明显。而罗云峰（2010）是在固定汇率和资本充分流动的假设下，建立一个拓展的两国蒙代尔—弗莱明（Mundell-Fleming）模型，并在充分考虑 IS、LM、BP 三条曲线之间互动的同时，对我国财政政策的有效性进行了考察，考察结果显示，与外向型政策相比，内向型政策在刺激经济增长方面更加有效。

在应对危机方面，赵卫星（2001）通过 GDP、物价指数和固定资产投资增长率间的回归分析，揭示了我国经济高增长和通货紧缩的现状，并依据理性预期理论对我国积极财政政策的有效性加以分析，他认为我国目前实施的积极财政政策对刺激内需、引导投资、缓解通货紧缩起到了一定的作用。叶文辉和楼东伟（2010）对我国实施的两轮积极财政政策——1997年亚洲金融危机和 2008 年全球金融危机，进行比较分析的基础上，对2008 年政府增加的 4 万亿元投资在 2009~2010 年间的有效性进行了测算，同时得出，我国财政政策的有效性在 1992 年至今的这段时间内逐年递减的结论。

财政政策有效是以上学者的分析结论，而李永友（2006）则对开放经济条件下稳定性财政政策有效性的边界条件利用传统的 IS-LM 模型进行了分析，得出只有满足利率上升的收入效应小于其替代效应、货币供给的利率弹性高于私人部门货币需求的利率敏感性和财政政策对私人部门需求的挤出效应要小于财政政策力度这三个条件，才能得出稳定性财政政策有效的结论，且财政政策的有效程度取决于乘数大小和政策力度净强度。

（二）观点二：财政政策未能有效发挥

有关财政政策未能有效发挥的分析，部分学者是从财政政策传导机制角度分析，何蓉和高谦（1999）认为由于我国预算内的投资增长效应和乘数效应非常有限，所以财政政策有效性较低。胡坤和陈伟珂（2004）从财政政策运行机制的角度上，对我国财政政策的有效性利用向量自回归(VAR) 方法进行了定量分析，从定量分析结果来看，由于财政政策调控民间投资和出口的能力较弱，因此，尽管在增加宏观经济系统的稳定性和提高宏观经济系统对外部冲击的灵敏度方面，我国财政政策起到了积极的作用，但是，其效力的发挥是有限的。蒋永穆（2006）认为财政政策有效性的重要影响因素有传导机制中微观主体的反应及其行为调整，其函数的构成包括政策工具作用时间、体制约束、消费倾向、微观主体数量、信息传递效率与预算约束等。由于我国的传导机制受阻，微观主体对政策工具反应不灵敏，从而使我国的财政政策未能真正发挥效力。2008 年底的金融危机对我国经济产生了重大冲击，为抵御之，我国实行的稳健性财政政策被调整为积极财政政策，鉴于此，滑冬玲（2010）对我国积极财政政策的有效性从金融危机抵御角度进行分析，分析结果显示，我国积极财政政策工具中的国债和转移支出及税收政策的有效性不足。林采宜和刘磊（2011）则重点分析了财政政策对宏观经济调整的作用，分析结果显示，由于受到财政收支规模、结构合理性及传导机制的影响，我国财政政策对宏观经济调整的作用有限。

部分学者是从我国经济运行体制角度分析，陈松青（2001）利用二元经济理论工具从我国的二元经济结构问题出发，分析我国需求不足的原因，他认为脱胎于西方发达市场经济的扩张性财政政策是总量政策，虽然对扩大总需求有一定的作用，但不能从根本上解决导致有效需求不足的二元经济结构和体制变迁问题，因此，这种扩张性财政政策在我国的实施过程中不能有效地发挥作用。倪海燕（2001）基于不同的汇率制度，对我国实行的扩张性财政政策的经济效应运用蒙代尔—弗莱明模型进行了比较分析，研究表明，与固定汇率制度相比，扩张性财政政策在浮动汇率制度下能够更有效地发挥其对经济增长的刺激作用，因此，他认为，像中国这个对资本流动管制相对较严的国家中，应当通过实行浮动汇率制度，来促进扩张性财政政策对经济增长的刺激作用。

（三）观点三：**财政政策长短期效应不一致**

有部分学者支持财政政策长短期效应不一致命题，朱杰（2002）从蒙代尔—弗莱明模型的理论视角分析了私人部门外债与财政政策有效性的关系。分析结果显示，从短期来看，扩张性财政支出政策的产出效应在私人外债存量的本币价值下降，且其下降幅度小于出口的本币价值的下降幅度时，是降低的；从长期来看，扩张性的国债融资政策在私人外债存量的本币价值保持不变时，是无效的。钟永红（2007a）应用脉冲响应函数对我国 1978~2006 年间经济增长中的财政政策有效性进行检验，检验结果显示，在短期内，积极财政政策有效，具有正效应，而在长期内，积极财政政策无效，具有负效应，且随时间的推移逐渐显著。同时，钟永红（2007b）对我国财政政策在 1978~2005 年间对经济增长的影响利用一个 3

变量的向量误差修正模型（VECM）进行实证检验，实证结果表明，在短期内，积极财政政策对经济增长的影响呈正效应，而在长期内，积极财政政策由于受挤出效应的影响，其对经济增长呈负效应。之后，钟永红（2007c）对我国两大宏观经济政策工具——货币供应量与财政支出在1978~2005年间对经济增长的作用效果利用一个5变量的向量误差修正模型进行了实证检验。检验结果显示，全社会固定资产投资在中国经济增长中的短期和长期效应不一致；财政支出增加的经济增长效应要弱于货币供应量的扩张。

从以上的分析来看，国内支持该观点的学者们已达成共识，财政政策短期有效，长期无效。

第二节　财政政策之"非凯恩斯效应"问题

自20世纪末，丹麦政府和爱尔兰政府实施的财政政策分别在1983~1986年和1987~1989年间具有非凯恩斯效应被贾瓦齐和帕加诺（Giavazzi and Pagano，1990）的研究发现后，关于财政政策非凯恩斯效应的检验问题越来越被国内外学者所关注，本节将对这些理论研究成果和实证检验结论进行较为全面的梳理。

一、国外学者的研究成果

从国外学者现有的研究成果来看，国外学者大都支持财政政策存在非凯恩斯效应的论点，而就其产生原因和条件的研究存在理论和实证上的分歧。

（一）关于"非凯恩斯效应"的纯理论研究

国外学者对财政政策非凯恩斯效应的理论研究主要集中在财政政策非凯恩斯效应的产生机理上。国外学者对财政政策非凯恩斯效应的研究都是从非线性效应开始的，财政政策非线性效应的研究即证明财政政策非凯恩斯效应的存在。由于税率和政府债务都存在一个临界水平，因此，布兰查德（Blanchard，1990）认为非凯恩斯效应出现的原因在于税收扭曲。产出在税率超过临界水平时会下降，同理，当政府债务在政府预算的约束下达到临界水平时，政府意图调整财政政策的想法就会被私人部门预期到，从而使财政政策失效产生非凯恩斯效应。柏托拉和德拉赞（Bertola and Drazen，1993）对这种非凯恩斯效应的解释则是从理性预期角度进行的，当正向漂移的随机游走过程为政府支出行为所表现时，他们认为具有无限期界的当事人会预期到当政府支出接近或达到临界水平时，政府为满足预算约束，且迫于债务压力会削减政府支出，若此时，政府没有削减支出，当事人会修正其对自己持久收入的预期，这种预期的变化使得财政政策产生非凯恩斯效应，即政府支出的增加会降低私人消费。

萨瑟兰（Sutherland，1997）在对柏托拉和德拉赞（Bertola and Drazen，1993）模型进行扩展的基础上，得出与原模型有很大区别的结论，萨瑟兰模型假设有限期界，且当政府支出达到临界水平时，政府会通过增加税收的形式实施紧缩性财政政策，分析显示，当政府债务水平接近临界水平时，政府支出的增加会降低私人消费，这是由于当事人清楚在其有生之年，政府大幅增加税收不可避免，当前政府转移不能弥补未来收入的损失，因此产生非凯恩斯效应。

凯恩斯主义理论认为政府支出的减少会降低私人需求和产出，阿瑟纳和佩蒂（Alesina and Perotti，1997）则认为削减政府支出比增加税收更能促进经济增长，特别是，当财政紧缩是通过削减转移支付和公务员补助来实现时，非凯恩斯效应更容易产生，这是由于政府支出的减少会降低劳动力成本，提高企业利润和国际竞争力，从而刺激投资和净出口，促进经济增长。

相反，新古典主义理论认为公共支出的减少将为私人部门的扩张提供空间所以对经济具有刺激作用。此外，未来较低税收负担的预期会刺激消费的增加。赫普纳和韦舍（Hoeppner and Wesche，2000）用马尔科夫切换法测试了财政政策的非线性效应，发现了两种不同的制度，1972~1974年，1979~1982年和1991~1993年流行新古典主义制度，其他年份具有凯恩斯主义制度。他们的最新研究表明，这两个理论在不同时期都是正确的。特别是在高债务水平下的财政紧缩将会按照新古典主义的方式做出反应。佩蒂（Perotti，1999）也认为财政政策在政府的总债务处于一个较高水平时具有非凯恩斯效应；反之，具有凯恩斯效应。

琼森（Jonsson，2004）从有效消费角度解释非凯恩斯效应的产生，琼森认为政府消费无论是作为私人消费的补充或是替代都能帮助解释之前记录的财政政策非凯恩斯效应。在让政府消费作为私人消费的补充或是替代的行为期间，构成不同的制度。利用允许这些制度被确定为外生性和内生性的计量方法，发现有效消费的概念能够帮助解释曾在丹麦、爱尔兰和瑞士等国出现的财政政策非凯恩斯效应。班兹（Benczes，2006）则认为非凯恩斯效应通常是本国货币贬值的需要，货币当局和有利的国际经济条件是实现短期扩张效应的财政调整的必要工具。而其他支持这种观点的学者认为，高的和不断增加的债务比例或政府支出的增加，通常会触发一个不可避免的调整，调整的构成便也成为一个非凯恩斯效应的关键解释。

卡纳勒、弗雷斯蒂和马拉尼（Canale，Foresti and Marani et al，2007）通过对成熟理论中的财政政策效应进行评价，结果显示，这种所谓的财政政策"非凯恩斯效应"可能会由于同步或者相反的货币政策的干预而产生。

（二）关于"非凯恩斯效应"的实证研究

贾瓦齐和帕加诺（Giavazzi and Pagano，1990）对 1983~1986 年和 1987~1989 年间丹麦政府和爱尔兰政府的财政调整进行研究，研究发现，这两个时期的紧缩性财政政策的实施，使得私人消费增加的 17.7%和 14.5%是伴随着财政赤字下降了 9.5%和 7.2%而发生的，财政政策对私人消费的非凯恩斯效应恰好被证明了，由此，实证研究财政政策非凯恩斯效应问题的序幕被拉开了。亚历斯纳和佩罗蒂（Alesina and Perotti，1996）在对 1983~1986 年间的丹麦政府、1987~1989 年间的爱尔兰政府、1984~1987 年间的比利时政府、1986~1988 年间的加拿大政府、1989~1992 年间的意大利政府、1984~1986 年间的葡萄牙政府和 1983~1989 年间的瑞典政府等的财政调整进行研究后，发现与贾瓦齐和帕加诺（Giavazzi and Pagano，1990）同样的现象。

自非凯恩斯效应被提出后，国外学者对经济合作组织，欧盟以及部分单个国家财政政策对经济增长和私人消费的非凯恩斯效应进行了实证研究，从研究成果来看，多数集中在财政政策对私人消费的影响上。

1.有关财政政策对经济增长影响的实证研究

麦克德莫特和威斯克（McDermott and Westcott，1996）在对 1970~1995 年间的 20 个 OECD 国家的财政调整效应进行描述性统计研究时，发现财政调整是否成功对能否促进经济增长起决定性作用，成功的财政调整主要是通过削减支出来实现的，即削减政府支出能促进经济增长。贾瓦齐、亚佩利和帕加诺（Giavazzi, Jappelli and Pagano, 1998）利用 18 个 OECD 国家的数据来解释非凯恩斯效应伴随着大而持续的财政冲击。财政紧缩的非凯恩斯效应要比财政扩张的大，这种反应可以从税收和转移支付的变化，甚至是政府支出变化的角度进行解释。税收增加的财政紧缩对居民储蓄没有影响，政府公债的高速增加并不能很好地预测非凯恩斯效应的产生，因此，他们认为通过增加税收来进行财政紧缩的方式会加强财政紧缩的非凯恩斯效应。

亚当和贝文（Adam and Bevan, 2001）对财政赤字与经济增长在 45 个发展中国家的关系进行研究后发现，经济增长会在财政赤字比率降低至 1.5% 的过程中加快，而这种作用效果会在财政赤字比率低于 1.5% 时消失或逆转。佩蒂（Perotti, 2004）利用结构向量自回归模型（SVAR），研究了 5 个 OECD 国家的财政政策对 GDP，通货膨胀和利率的影响，研究发现在 20 世纪 80 年代后期，政府支出增加和税收减少对 GDP 及其构成成分尤其是私人投资产生负效应，即非凯恩斯效应。内切尔瓦（Neicheva, 2007）则考察了保加利亚政府支出对产出的非凯恩斯效应影响，发现财政刺激（Implus）规模是非凯恩斯效应结果的重要决定因素。

2.有关财政政策对私人消费影响的实证研究

（1）OECD 国家财政政策对私人消费影响的实证研究

贾瓦齐和帕加诺（Giavazzi and Pagano, 1995）利用数据分析财政政策对私人消费的影响在 19 个经济合作组织（OECD）国家的表现时发现，非凯恩斯效应的产生是在财政紧缩和扩张的幅度很大且持久时，且这种效应是由政府消费、税收和转移支付的变化引起的，同时，他们还认为非凯恩斯效应不仅通过实际利率和资产价值的变化，还通过对私人部门未来劳动和资本收入的预期的影响来实现。之后，贾瓦齐和帕加诺（Giavazzi and Pagano, 1996）为找到非凯恩斯效应存在的证据，对 OECD 国家的反应函数进行了估计。研究得出，政府消费与私人消费在基本结构预算余额占潜在 GDP 比率的变化范围在 5% 以下时，两者正相关，反之，两者负相关。因此，他们认为非凯恩斯效应会在财政政策调整的幅度足够大或持续时间足够长时出现。阿瑟纳和阿尔达尼亚（Alesina and Ardagna, 1998）对 1960~1994 年间的 OECD 国家数据利用 Probit 模型进行实证检验，实证分析显示，财政政策对私人消费的非凯恩斯效应确实存在，且其影响因素为财政政策调整的幅度和结构。

（2）有关欧盟国家财政政策对私人消费影响的实证研究

阿方索（Afonso，2001）建立了一个简单的两期私人消费模型，此模型的主要特点在于税率和税收之间的关系和存在理性消费者。为了评估欧洲的经验证据，他利用私人消费的面板数据模型估计欧盟15国，选取的是1970~1999年间的年度数据。对欧盟15国的估计结果显示，在没有财政调整时，财政政策具有标准的凯恩斯效应。然后财政调整的存在会使传统的凯恩斯效应变成非凯恩斯效应，这种逆转基本上是当财政政策调整是紧缩时，和几乎不重要的财政扩张调整时才发生。瓦亚瑞勒和盖瑞特森（VanAarle and Garretsen，2003）对14个欧盟国家1990~1998年面板数据进行分析，分析显示，政府消费方面的财政调整对私人消费具有非凯恩斯效应，而税收和转移支付方面的财政调整对私人消费没有非凯恩斯效应。瑞泽卡和切卡瓦兹（Rzonca and Cizkowicz，2005）所研究的非凯恩斯效应是指财政调整能够在短期内加快产出的增长。他们利用面板估计技术对中东欧新成员国的财政调整进行考察，分析显示，在短期内，这些成员国的财政调整加速了产出的增长，然而不能确定非凯恩斯效应发生的确切渠道。

（3）有关部分或单个国家财政政策对私人消费影响的实证研究

卢克（Lucke，1997）认为20世纪80年代在爱尔兰、丹麦和德国等国家中出现的财政收缩非凯恩斯效应中，最值得注意的是，在削减政府开支时，私人消费开支随之增加。布格（Burger，2006）则考察了20世纪90年代美国扩张性财政调整，通过考察政府支出与消费之间的关系发现，没有证据表明经济是按照凯恩斯主义的方式运行，但也没有证据证明非凯恩斯效应的存在。

二、国内学者的研究成果

从现有国内学者的研究成果来看，国内学者的研究多为实证研究，且国内大多数学者对财政政策非凯恩斯效应的研究也是从非线性效应开始的，国内学者对非凯恩斯效应问题的研究虽然起步较晚，但我国财政政策具有非凯恩斯效应的情况被大多数研究成果所证实。

（一）涉及"非凯恩斯效应"的理论研究

有关财政政策非凯恩斯效应的理论研究方面，国内学者主要集中在文献梳理方面，其中，李永友（2008）的分析是在对财政政策经典文献进行梳理的基础上进行的，他从凯恩斯总收支模型出发，归纳总结了稳定性财政政策产生凯恩斯效应、需求中性效应以及非凯恩斯效应时的假设条件，研究显示，尽管学术界对稳定性财政政策对宏观调控的长短期效应是否一致的观点存在很大分歧，但这种分析只能说明稳定性财政政策要想发挥作用需要一定的条件，而不能说明财政政策不能承担稳定经济的重任。而储德银和黄文正（2010）则是对20世纪80年代以来有关财政政策非凯恩斯效应的经典文献进行了梳理，梳理结果显示，在理论方面，财政政策非凯恩斯效应的发生是通过消费和投资这两种渠道；在实证研究方面，通过实证检验出财政支出乘数的符号和大小是识别政府支出非凯恩斯效应的主要方法，然而，从经验研究的总体结果来看，更多文献支持投资非凯恩斯效应，因此，国外理论界认为，该领域是最有可能在财政政策非凯恩斯效应的后续研究中取得突破的。

（二）涉及"非凯恩斯效应"的实证研究

国内学者有关财政政策非凯恩斯效应实证研究的重点包括：财政政策在稳定宏观经济、促进经济增长和私人消费这三个方面是否具有非凯恩斯效应，以及从总体上评价我国财政政策是否存在非凯恩斯效应。

1.有关财政政策对宏观经济影响的实证研究

郭庆旺和贾俊雪（2006）对我国财政政策对宏观经济的影响在积极财政政策向稳健财政政策调整时进行了面板数据分析，研究表明，现阶段实施的以增收为主的稳健财政政策对宏观经济没有产生明显的负面影响，因此，我国财政收入政策存在显著的"非凯恩斯效应"；科学合理地选择财政稳固方式，例如当财政以增加收入为主时也应尽量保持平衡的财政收支，对我国财政政策能否转型成功以及稳健财政政策是否具有可持续性起到关键性作用。郭庆旺、贾俊雪和刘晓路（2007）对20世纪90年代以来我国财政政策的非线性效应利用马尔可夫区制转移向量自回归模型进行了实证分析，实证结果表明，我国财政支出政策自20世纪90年代以来，具有显著且持续时间较长的"凯恩斯效应"，而税收政策因其"非凯恩斯效应"持续时间较短且不具备统计显著性，虽然其既具有"凯恩斯效应"也具有"非凯恩斯效应",但总体而言,我国财政政策的"凯恩斯效应"更显著也更持续。

2.有关财政政策对经济增长影响的实证研究

王立勇和刘文革(2009)利用区制转移向量自回归模型对我国1952~2008年的财政政策非线性效应进行了实证分析,实证结果显示,我国财政政策对经济增长具有显著的非线性效应。我国财政政策对经济增长在1952~1982年、1987~1990年和1994~1995年间具有非凯恩斯效应,我国财政政策对经济增长在1983~1986年、1991~1993年和1996~2008年间具有凯恩斯效应。

从国内学者有关财政政策对经济增长影响的研究成果来看,除了研究成果较少以外,分析仅限于对我国财政政策非凯恩斯效应和凯恩斯效应区间的确定,没有将其与财政政策有效性联系起来,更没有验证非凯恩斯效应对财政政策有效性的影响,研究非凯恩斯效应的目的不应仅是为了确定其存在的区间,还应考察其对财政政策有效性的影响,为指导宏观经济提供参考。

3.有关财政政策对居民消费影响的实证研究

在经济增长"消费驱动"的诉求下,有关财政政策对居民消费是否具有"非凯恩斯效应"问题的研究显得更为重要,也一直是财政研究的热点问题。国内学者有关财政政策对居民消费影响效应的研究主要是从以下三个方面进行的。

(1)财政政策对居民消费的整体影响

王立勇和高伟(2009)对我国政府支出和税收的非线性效应利用马尔科夫区制转移模型进行检验,分析表明,我国财政政策在1978~1980年和1984~1997年间具有显著的非线性效应,即政府消费和税收对私人消费具有显著的非凯恩斯效应,但税收的非凯恩斯效应并不显著。张宏博(2012)得出与王立勇和高伟(2009)不同的结论,即在1985~1997年间,财政政策对私人消费具有非凯恩斯效应,而其余年份则具有凯恩斯效应。项后军和周宇(2011)对我国财政政策影响私人消费的非线性效应是从理论和实证两个角度证明的。分析还显示,总体上,税收具有非线性效应,而财政支出政策具有凯恩斯效应,且财政政策可能引起非凯恩斯效应产生的情况是经济出现高通胀。

张丹（2010）通过在我国地方政府财政支出与私人消费的面板模型中加入地方政府偿债能力控制变量，对我国财政政策非凯恩斯效应的存在性进行了检验，检验结果表明，长期内，增加政府的经济性支出及转移支付能够在地方政府具有较高的收入能力及税收水平时提高消费水平，而积极财政政策却在政府偿债能力较低的情况下对消费产生挤出效应，此时，增加转移支付也无法影响私人消费，"非凯恩斯效应"的存在被证实了。方红生和郭林（2010a）也利用省级面板数据验证了我国财政政策对居民消费的非线性效应，实证分析显示，中国财政政策的非凯恩斯效应和凯恩斯效应表现分别出现在正常时期和非正常时期。而黄威和丛树海（2011）则对东、中、西部地区财政政策对城乡居民消费的影响利用省级面板数据进行了考察，考察发现，非凯恩斯效应表现在财政政策对中、西部地区农村居民消费的影响上，而凯恩斯效应表现在其余各方面。

（2）财政政策对农村居民消费的影响

童大龙和储德银（2011）利用动态面板数据考察了我国财政政策对农村居民消费的非线性效应，实证结果表明，在正常时期财政政策具有凯恩斯效应；而财政收入政策对农村居民消费的非凯恩斯效应则表现在紧缩和扩张这两个特殊时期。财政支出政策对居民消费的凯恩斯效应表现在扩张时期，而无法确定其在紧缩时期的效应。

（3）OECD 国家财政政策对居民消费的影响

吕炜和储德银（2011）对 24 个 OECD 发达国家在 1980~2007 年间财政政策对私人消费的效应利用私人消费的个体固定效应动态面板数据模型进行了考察，研究发现，财政政策对私人消费的非凯恩斯效应表现在财政紧缩或扩张的特殊时期，与财政扩张时期相比，非凯恩斯效应的产生更容易发生在紧缩时期；紧缩时期转移支付对私人消费的总效应表现为非凯恩斯特征。储德银和闫伟（2011）则对 24 个 OECD 发达国家在 1980~2007 年间财政政策对私人消费的效应通过居民消费需求的固定效应变截距面板数据模型进行了考察，得出与吕炜和储德银（2011）不同的结论，财政政策的非线性效应表现在扩张或紧缩这两个特殊时期；通常情况下，财政政策工具对居民消费需求的总效应表现为凯恩斯效应，但特殊情况下，转移支付的总效应表现为非凯恩斯效应。

4.有关财政政策效应的总体评价

李美洲和韩兆洲（2007）利用两机制门限协整模型，对我国财政收支调整过程进行分析，分析显示，虽然我国的财政收支政策既具有凯恩斯效应也具有非凯恩斯效应，但我国财政赤字具有可持续性。张明喜和高倚云（2008）对我国财政政策的非线性效应进行实证研究，研究发现，在1979~1982年、1987~1990年和1994~1995年这三个时间段内，我国财政政策具有非凯恩斯效应；而在1996~2006年间，我国财政政策具有凯恩斯效应。方红生和张军（2010b）对我国财政政策效应利用1978~2004年的面板数据进行了分析，分析表明，我国财政政策具有非凯恩斯效应。

第三章 理论与模型

- 关于财政政策有效性的几种理论
- 关于财政政策有效性的理论模型
- 财政政策之非凯恩斯效应的理论观点和理论模型

　　自凯恩斯主义经济学诞生以来，政府直接动用财政政策干预社会经济的行为，在西方各国逐渐得到大多数公众的认可，尽管反对意见也一直存在。与此同时，在经济学理论界，各经济学流派也分别提出自己的财政观点和政策主张，这些观点、主张的提出，导致人们围绕着关于财政政策有效性和财政政策非凯恩斯效应问题展开的理论、对策等争论长期不休。

　　各国经济学家之所以在凯恩斯主义财政政策之有效性及非凯恩斯效应问题上产生不同看法，或是缘于其所信奉的经济学理论体系的差异，或是缘于其所使用的分析方法的差异，或者兼而有之。对此，笔者认为，应该在全面理解凯恩斯经济学理论体系的基础上，并且采取规范分析和实证分析结合方法，才可能对财政政策有效性和非凯恩斯效应这一重大议题给出合理解释。

　　本章首先研究凯恩斯经济理论的合理性和存在的主要缺陷；据此，再对相关问题进行有关理论分析，这些问题主要涉及（以允许政府采取相机抉择方式干预宏观经济运行并推行周期性预算平衡政策为基本特征的）现代财政政策能否真正发挥提高有效需求、增加就业、逆商业周期、稳定经济增长的作用，以及与此有关的财政政策对经济增长或私人消费的非凯恩斯效应。

　　本章研究工作的基本目的有二：一是试图基于凯恩斯经济学理论核心，通过分析围绕财政政策有效性和非凯恩斯效应议题产生的理论分歧，得出一些基本结论；二是希望通过这些分析，为本书以后的研究工作提供可靠的理论依据与学术工具。

第一节 关于财政政策有效性的几种理论

一、凯恩斯主义的财政政策观

英国经济学家约翰·梅纳德·凯恩斯早在 20 世纪 20 年代中期就对英国经济长期慢性萧条的问题进行了研究，并致力于寻找其解救之策。而随后（20 世纪 30 年代初）发生在西方世界的"大萧条"，便使凯恩斯主义经济学应运而生。鉴于倡导"自由放任"经济理论的古典经济学对这种"大萧条"经济现象无法解释，于是，凯恩斯的"需求管理"理论于 1936 年在其所著的《就业、利息与货币通论》一书中被提出了，且根据该理论的一个基本命题，即"有效需求不足论"，重新审视了市场经济条件下商业周期变动的机制。凯恩斯的"需求管理"理论部分地否定了古典经济学的一个重要结论——充分竞争市场条件下经济社会的供求双方，通过供求价格的自发性调整，最终会使经济社会实现充分就业状态。在此基础上，凯恩斯提出自己的经济政策主张，他提倡政府在必要时应该采取主动干预市场经济的方式以实现"充分就业"目标。此后，凯恩斯的经济思想和政策主张一直受到各国政府的高度重视。

凯恩斯认为，有两个显著的弊端[①]存在于现代资本主义社会中："第一，充分就业不能实现；第二，财富和收入的分配是以无原则的和不公平的方式来进行的。"基于这一判断，凯恩斯认为，资本主义经济不能仅仅依靠市场机制自发运行，而应该"有必要对自由运行的经济力量或因素加以制止或引导"[②]。在凯恩斯看来，为不断提高"有效需求"以保证实现充分就业目标，必须扩大传统的政府职能以使其能够对社会经济活动进行积极干预；只要将政府干预和私人主动性有机结合起来，市场经济就可以长期维持在某种"繁荣"（或至少是"准繁荣"）状态。凯恩斯基于"需求管理"理论提出的有关政策主张主要包括如下几点内容：

第一，注重税收对经济社会收入分配的调节作用，并强调社会收入调节对提高社会消费倾向、扩大内需的作用。由于富人的消费倾向普遍低于

---

① [英]凯恩斯.就业、利息和货币通论[M]（高鸿业译,重译本).北京:商务印书馆,1999.386.
② [英]凯恩斯.就业、利息和货币通论[M]（高鸿业译,重译本).北京:商务印书馆,1999.393.

穷人的消费倾向，那么通过税收的再分配功能，不仅可以将富人的部分收入向穷人转移，而且还可以在纠正社会收入分配不合理格局的同时，提高整个社会的消费倾向。

第二，尽管税收能够通过收入的重新分配，使社会的边际消费倾向有所提高，但短期内，利用税收增加有效需求的作用常难以奏效，这是因为短期内，消费者的边际消费倾向比较稳定。因此，有必要通过政府扩大财政支出的方式，来弥补税收政策的上述缺陷。不过，政府不要过分依赖增加税收收入的方式来为政府扩大财政支出筹集资金。因为税收不是来自消费者的收入，就是来自生产者的收入，增加政府税收的同时就减少了消费者和投资者的需求，对增加总需求无益。因此，凯恩斯主张通过政府借债的方式来为政府扩大支出筹资。

第三，虽然政府举债增加财政支出的做法，一直被诸如亚当·斯密等古典经济学家视为对社会财富的浪费行为，但至少在理论上证明，公债运用得当也可以使社会致富，关键在于政府举债开支的使用方向。这是因为，当私人投资、私人消费不足时，政府可以通过增加社会投资等公共支出方式予以弥补。如果额外的政府支出主要用于公共投资（主要是兴办公共工程等）和相关的社会公益事业方面，则既有助于增加经济社会的总需求，也不会挤出私人投资。

第四，政府财政政策干预，通过"乘数效应"作用，会促进社会有效需求（进而社会就业）的倍增。这意味着经济社会逐渐步入了某种良性循环状态——经济长期处于"充分就业"态势，使得社会财富不断增长，社会成员的收入水平、消费能力持续提高。

针对凯恩斯财政政策中存在的年度预算不平衡问题，20世纪50年代，汉森（Hansen）等人提出了补偿性财政政策理论。该理论指出，为了克服经济的周期波动，通过增加或减少政府财政支出来补偿私人投资和私人消费的减少或增加，即通过预算赤字，或预算盈余，逆向补偿商业周期波动，以保证社会总需求的稳定。如果政府能够成功地利用经济繁荣年份积累下来的财政盈余，弥补经济衰退年份形成的财政赤字，虽然在政府预算上失去了年度平衡，但却也可以保证做到周期性预算平衡。用周期性预算平衡替代年度预算平衡，这种预算政策强调的是整体宏观经济的平衡。上述政府逆商业周期的财政收支调整行为，俗称"相机抉择"的财政政策，目的无非在于"熨平"商业周期。第二次世界大战结束以后到 20 世纪 60 年代，是西方国家政府推行"相机抉择"财政政策的鼎盛时期。这些国家政府通常基于对当时经济形势所做的分析及对未来经济走向所做的判断，来决定在其调整方面所应该采取何种相应措施，以实现一定的宏观经济目标。例如，为了防止经济过热，或抑制通货膨胀，政府主要采取紧缩预算支出，或提高税收的做法；再如，为了防止经济衰退，或降低失业率，政府主要采取扩大预算支出，或减税的做法。[①]

值得指出的是，关于资本主义市场经济运行不稳定的原因及其对策选择，在西方经济学理论界内部也一直存在着争议。典型的例子当属"两个剑桥之争"。以美国主流经济学家为代表的"新古典综合派"全面接受了凯恩斯的"有效需求不足"理论，系统论证了凯恩斯主义政策主张的有效性，坚持认为政府因地制宜、因时制宜地使用财政政策和货币政策，通过政策的"逆商业周期而动"效应，会使资本主义市场经济长期处于稳定发展状态。然而，以英国经济学家罗宾逊夫人为首的"新剑桥学派"，则指责"新古典综合派"错误地认为资本主义市场运行不稳定，甚至长期处于萧条状态，主要是"有效需求不足"问题造成的，而其背后的真实原因则在于社会收入分配的长期不平等。据此，新剑桥学派针对如何医治资本主义的"病症"提出了自己的政策主张：为实现"充分就业"目标，不能仅仅简单地依靠财政政策、货币政策，还要关注社会收入分配政策。新剑桥学派强调政府在分配领域进行干预的必要性，注重税收对收入分配的调节作用，主张对现有收入分配格局能够产生影响的收入分配领域和其他可能的方面进行资本主义经济的调节措施。不难看出，上述分析表明，凯恩斯主义者都认为政府利用宏观经济政策干预社会经济是有效的，只是（凯恩斯主义经济学）不同流派的经济学家对干预性政策，尤其是其中的财政政策，到底在"哪个具体方面实行干预是有效的"这一问题上的看法不同而已。新古典综合派强调，干预性财政政策在提高有效需求和实现充分就业方面明显有效；汉森等人认为，干预性财政政策在稳定经济，抚平经济波动方面是有效的；而新剑桥学派则认为，干预性财政政策在促进社会收入公平分配方面是有效的，如此等等。

---

①方福前.当代西方经济学主要流派[M].北京:中国人民大学出版社,2004.76.

二、新自由主义的财政政策观

由于长期推行凯恩斯主义的需求管理政策，多数发达国家政府预算连年存在着财政赤字，根本无法实现周期性预算平衡目标。自20世纪60年代中后期开始，一些国家政府债台高筑，加之货币政策调整不力，国内通货膨胀压力也越来越大。到了20世纪70年代初期，欧美国家经济普遍陷入了"滞胀"局面。如何解决经济滞涨问题，传统的凯恩斯主义财政政策似乎对此束手无策。也就是在这种经济背景下，反对政府干预社会经济活动的新自由主义（Neoliberalism）经济思想脱颖而出，并且逐渐显示出其对政府宏观经济政策形成的影响力，自然也在学术界受到普遍关注。作为一个以反对凯恩斯主义政策主张为特征的学术流派，新自由主义学派内部还包括很多不同思想观点的理论体系，其中以米尔顿·弗里德曼为代表的"货币主义学派"、以詹姆斯·布坎南为首的"公共选择学派"和以卢卡斯等人为首的"新古典宏观经济学派"（又称"合理预期学派"）的政策影响力为最明显。

（一）货币主义

现代货币数量论的创立是货币主义学派（Monetarism）的主要贡献，同时，货币在宏观经济运行中的核心地位被强调。其重要的理论观点集中体现在以下方面：

第一，认为凯恩斯主义主张实施的赤字财政政策，虽然旨在遏制经济萧条，但是就长期效果而言，这类政策不仅不利于稳定劳动就业水平和物价水平，而且会引发通货膨胀，后者加剧了社会经济的波动。该理论认为，在没有扩大货币供给量的情况下，政府增加财政支出对社会经济所产生的调节作用，即使有，也只是微小的、暂时的。而财政支出的增加必然要以（在不减少社会资金情况下）通过提高货币供给数量进行融资的方式，才能使财政政策持续地发挥作用的目标得以实现。很显然，这样的财政支出增加必然是膨胀性的。因此，货币主义学派认为凯恩斯主义的财政政策既无益于经济稳定，又使经济的波动被加剧了。在货币主义者看来，只有在政府减少对经济的干预，且压缩财政支出，保证财政预算平衡的情况下，才能使经济稳定增长，且没有通货膨胀。

第二，认为凯恩斯主义的相机抉择政策，虽然旨在调节经济，"熨平"商业周期，但就其效果而言，这类政策很难实现调节经济和稳定宏观经济运行的目标。该学派认为，当经济出现衰退时，政府所推行的增加财政支出的措施可能会因为无法准确掌握经济形势，无法正确判断政策出台的时机，也可能因为制度和法律上的限制而贻误时机，因此，相机抉择的财政政策不能适应瞬息万变的经济形势。即便政府能够适时推出正确的财政政策，但考虑到支出增加对私人投资产生的"挤出效应"，该政策也很难立即生效。

第三，货币主义者相信，市场经济除非受到无规则的经济政策干扰，一般情况下它具有内在自动稳定机能，政府没有必要再去试图稳定经济。事实上，稳定政策不是减少，而是增加了社会经济的不稳定性。货币主义者强调货币政策的重要性（这点与凯恩斯主义不同），并且认为货币政策的核心就是国家货币当局遵循固定不变的规则稳定货币供应量的增长率。货币主义还认为，影响收入和财富的分配以及资源配置的传统作用才是财政政策应该发挥作用的领域。

（二）公共选择理论

针对长期实施凯恩斯经济政策而使欧美等西方国家经济在 20 世纪 60 年代逐渐陷入"滞胀"状态这一事实，以布坎南为首的"公共选择"学派经济学家开始思考这样的问题：强调政府对市场经济进行干预的凯恩斯主义经济学也许没有根本性的错误，但是从事市场干预的政府可能无力承担这些任务。不难看出，公共选择理论对政府纠正市场问题的能力始终表示怀疑。他们认为，现代社会面临的挑战来自政治制度方面，而不是来自市场制度方面，因此，西方国家经济面临的各种问题，与其说是市场失灵、市场破产造成的，不如说是该社会自身政治制度的失灵造成的。公共选择理论对凯恩斯主义财政政策提出的质疑主要集中在以下几个方面：

第一，政府制定经济政策的出发点是恢复市场机制还是补偿市场机制。凯恩斯主义经济学虽然认为市场机制是重要的，但却认为市场永远是不完善的，政府经济职能之一就是利用相关政策来补偿市场机制的缺陷。而传统微观经济学理论认为，市场机制是完善的，有充分自调节功能，尤其是自由市场的价格机制是任何其他组织、机制不能替代的。因此，在市场运行不理想情况下，应该受到检讨的不是市场本身，而是政府政策。公共选择理论则认为，关于"市场与政府作用孰优孰劣"的认识，不取决于客观判断，而取决于信仰。因此，坚持市场经济的公共选择理论指出，现代政府制定的一切经济政策的基本出发点，应该是为了尽量恢复、完善市场经济机制，并为此做出不懈努力。

第二，在没有完全厘清下述诸问题情况下，推行凯恩斯主义的财政政策，其实施效果值得怀疑。这些问题包括：①失业产生的原因仅仅是总需求不足吗？总需求变动以外的原因（经济的、政治的等）是否应该予以充分考虑？另外，失业的统计是否是真实的？政府是否过分夸大了失业的负面效应？②20世纪30年代的"大萧条"应该被视为结构性异常的经济环境的产物，通过政府刺激总需求办法解决失业问题似乎成本极低。但是，在（后来形成）非结构性异常经济环境（仅表现为市场失调）中出现明显失业，应该靠市场的力量来解决问题，抑或靠政府政策来解决问题，则须慎重选择。①③经济社会中是否存在，或者曾经存在过总供给曲线为一条水平线的情况？怎样证明？而菲利普斯曲线则说明失业率与通货膨胀率之间永远存在着交替换位关系。④经济社会是否存在着流动性陷阱现象？货币政策是否会出现极端不起作用的情况？⑤如果经济社会必须在失业与通货膨胀之间做出适当的选择，表明政府在治理失业和通货膨胀方面都要付出成本，即或是保持相对较高的失业率，或是保持相对较高的通货膨胀率。但是，到底应该做出何种选择，不应该仅仅由政府组织决定。⑥政府失灵问题是否存在？仅就失业问题而言，如果政府做了它本不该做的事情，"它就没有能力做好这些事情"②。经验说明："充分就业不应该，实际上也不可能由政府总需求控制政策直接达到"③，如此等等。

第三，即使凯恩斯主义财政政策具有真实合理性，也不足以说明贯彻这种政策一定会取得理想的效果。例如，以非平衡预算为主要特点的凯恩斯主义财政政策，不管出于何种目的而使用之，最终会削弱财政体制对政

①布坎南认为："在一个并非结构性异常的经济环境中（如30年代），企图通过刺激总需求来减少失业的政策是十分缺乏远见的，失业或许可以暂时减少，但通货膨胀将会加剧经济内部的失调。对于失调的经济不存在任何不花成本的药方。在经济中的生产结构将再一次反映出一个自由经济不得不适从的基本事实之前，一定会出现资本和劳动力的再分配。⋯⋯衰退是恢复过程的必不可少的组成部分。"参见：[美]布坎南,[美]瓦格纳.赤字中的民主[M].刘廷安,罗光译.北京:北京经济学院出版社,1989.172.

②[美]布坎南,[美]瓦格纳.赤字中的民主[M].刘廷安,罗光译.北京:北京经济学院出版社,1989.173.

③[美]布坎南,[美]瓦格纳.赤字中的民主[M].刘廷安,罗光译.北京:北京经济学院出版社,1989.174.

治家的道德约束。"的确，凯恩斯的主要目的，是增大赤字财政从而增加公共支出来保证私人消费的增长。凯恩斯处方中的不足之处是缺少某种反击力，即把公共消费保持在限度以内的控制机制或控制者。[①]"再如，在很大程度上，政治家本人也不是眼光远大的，对解决问题的短期方案的考虑支配着大多数政治家的行为。"自然，这个特点是一个民主政体的内生的必然属性。但当这种内生属性与对正常开支和导致赤字的倾向都不加限制的财政体制溶合在一起时，其结果则预示着灾难。[②]"总而言之，在讨论财政政策对经济社会的积极影响时，人们不应忽视现行经济体制中政府的非理性行为在贯彻合理财政政策过程中可能产生的负面影响。

（三）新古典宏观经济学

新古典宏观经济学派将"理性预期假说"作为其理论基础，同时也吸收了货币主义的一些思想观念。该学派遵循古典经济学的理论原则，相信市场具有很好的调节作用，如果没有外在干预，市场具有内在稳定性；政府试图通过实施某种政策来达到预定的目标通常是不可能的，甚至是有害的。因此，该学派反对国家干预经济，主张实行自由主义的经济政策。如果必须实施干预的话，该学派则主张政府仅对那些有助于稳定的经济变量（如物价水平等）进行适当控制。

新古典宏观经济学派认为凯恩斯主义的相机抉择财政政策是无效的，甚至是有害的。这是因为，在人们能够实现理性预期情况下，一切公开实行的财政政策都在意料之中，人们能够提前做出有利于自己的反应。例如，在政府增加预算赤字的情况下，由于公众的理想预期，公众便会预期到将来政府会通过增加税收来弥补财政赤字，为减轻将来税后收入减少所带来的不便，公众开始缩减当前的消费支出，将节省下的开支储蓄起来，以备将来政府增加税收时来应急。很显然，政府赤字的扩张性效应被公众的这种缩减开支的行为正好抵消了，政府这种对经济的积极干预行为便会导致整个经济体制的混乱。换言之，财政政策若能奏效，就只能通过"突袭"和"欺骗"公众的方式予以施行。不过，这种方式只能是短期内有效，长期内，公众迟早会发觉，并更改其预期，政府的财政政策又会归于失

---

①[美]布坎南,[美]瓦格纳.赤字中的民主[M].刘廷安,罗光译.北京:北京经济学院出版社,1989.142~145.

②[美]布坎南,[美]瓦格纳.赤字中的民主[M].刘廷安,罗光译.北京:北京经济学院出版社,1989.161.

效。[①]所以，在新古典宏观经济学派看来，政府必须减少对经济的干预，让市场机制自由地发挥作用。而在政府不得不干预经济时，政府最好的做法就是注重"信誉"，保持某种政策的连续性，即制定并公开一系列长期不变的规则，并坚持预算平衡。

总之，货币主义学派、公共选择理论反对国家干预主义，认为凯恩斯主义的相机抉择的财政政策不仅效果不佳，而且加剧了社会经济的不稳定性。至于新古典宏观经济学派，则是全盘否定了凯恩斯主义财政政策的有效性。

三、新凯恩斯主义的财政政策观

新凯恩斯主义（New Keynesianism）是20世纪80年代在西方主流经济学中出现的一个新流派，该学派是在凯恩斯主义的基础上汲取了非凯恩斯主义的一些观点和方法而形成的。"什么原因引起失业，什么原因造成小于充分就业的均衡"，是新凯恩斯主义和凯恩斯主义所研究的主题。对于这一问题，凯恩斯主义给出的答案是有效需求不足，并找到影响有效需求的消费倾向、资本边际效率和流动性偏好。而新凯恩斯主义认为劳动市场失衡的原因是工资黏性，商品市场失衡的原因是价格黏性，资本市场失衡原因是信贷配给，并就价格和工资黏性的微观理论进行系统研究。

新凯恩斯主义和新自由主义在财政政策上的争论与凯恩斯主义和古典主义的争论是一样的。这些经济政策的争论主要围绕两个基本问题：一是，财政政策在稳定经济中是否起到积极作用；二是，在经济形势发生变化时，政府是应该积极干预，还是遵循一种固定的规则。新凯恩斯主义在这两个问题上都持"积极"的态度。新凯恩斯主义的模型证明，新古典宏观经济学所主张的"政策无效性"命题是建立在市场即时出清的假设前提之上，根据理性预期假设则不一定能够得出这一命题。新凯恩斯主义的黏性工资和价格理论说明，经济自发运行并不能保证各类市场即时出清，市场机制在协调供求关系方面是失灵的。因此，新凯恩斯主义认为稳定经济的财政政策是可以发挥积极作用的。一些新凯恩斯主义者（例如斯蒂格利茨）进一步证明，即使价格像新古典主义者所说的那样是灵活的而非迅速

---

①[美]格雷高里·曼昆.经济学原理[M].梁小民译.北京:北京大学出版社,1999.416.

调整的，需求管理政策也是有效的，这是由于价格的灵活性会加剧经济的波动而不会自动矫正经济波动。

新凯恩斯主义认为，正是由于冲击的随机性和经济波动的不规则性，才需要政府采取应变的政策，而不应使政府行动受制于固定的规则。尤其是当经济陷入严重衰退和失业率较高时，政府不可能坐视不管，而墨守于某种固定的规则。在新凯恩斯主义看来，"相机抉择的财政政策可以而且也有助于稳定经济"①。斯蒂格利茨在其教科书中对新凯恩斯主义的财政政策主张进行了较好的概括，指出："新凯恩斯主义者认为，失业的时期之所以会拖长是由于市场反应缓慢，因此，相机抉择的财政政策可以是有效的。一种内生现象对经济波动的影响会因为经济周期而被扩大。政府既能采取财政政策的相机处置，又能设计使经济更稳定的内在稳定器。"②

在继承凯恩斯主义传统的基础上，新凯恩斯主义又吸收了新古典宏观经济学成果的学术思想③。因此，凯恩斯主义的稳定经济的财政政策和相机抉择的财政政策，在新凯恩斯主义者看来都是有效的，存在政府干预的市场经济要比"自由放任"的市场经济好得多。

第二节 关于财政政策有效性的理论模型

一、IS-LM 模型下的财政政策有效性分析

"IS-LM 模型"，又称"希克斯-汉森模型"，是由英国现代著名经济学家约翰·希克斯（John Richard Hicks）和美国凯恩斯学派创始人阿尔文·汉森（Alvin Hansen），于 1937 年为概括性阐释凯恩斯宏观经济理论思想而提出的一个经济分析模型。该模型基于关于产品市场和货币市场的一些假定条件，采用一般均衡分析方法，可以很好地说明财政政策、货币政策之有效性问题，在解释重大宏观经济问题时具有广泛的应用价值，被詹姆

---

①[美]约瑟夫·斯蒂格利茨.经济学[M].梁小民,黄险峰译.第 2 版.下册.北京:中国人民大学出版社,2000.777.

②[美]约瑟夫·斯蒂格利茨.经济学[M].梁小民,黄险峰译.第 2 版.下册.北京:中国人民大学出版社,2000.775.

③[美]詹姆斯·K.加尔布雷思,小威廉·戴瑞提.宏观经济学[M].孙鸿敞,刘建洲译.第 1 版.北京:经济科学出版社,1997.311.

斯·加尔布雷思（J.K.Galbraith）誉为"最完美的经济学理论模型"。

（一）IS 曲线、LM 曲线

假设：①价格水平外生给定；②私人消费仅由其收入决定；③私人投资仅为利率的函数；④供给弹性无限大；⑤社会经济仅包括居民、厂商和政府组成三个部门；⑥名义货币供给量和价格水平为既定。

IS 曲线可以用如下数学模型[①]来描述：

$$Y_t = AD_t \tag{3.1}$$

$$AD_t = C_t + I_t + G_t \tag{3.2}$$

$$C_t = C_0 + c \cdot Y_t^d, \quad 0 < c < c1 \tag{3.3}$$

$$I_t = I_0 - e \cdot r_t, \quad e > 0 \tag{3.4}$$

$$Y_t^d = Y_t - T_t + TR_t \tag{3.5}$$

$$T_t = \tau Y_t, \quad 0 < \tau < 1 \tag{3.6}$$

（3.1）式表示产品市场达到均衡时的 t 期的总收入（Y_t）等于总支出（AD_t），（3.2）式表示总支出函数，（3.3）式表示居民消费函数，（3.4）式表示私人部门投资函数，（3.5）式表示居民可支配收入函数，（3.6）式表示税收函数。其中，C_t 表示 t 期的居民消费，G_t 表示 t 期的政府购买性支出，C_0 表示考察期初的自主性消费支出，c 表示边际消费倾向，Y_t^d 表示 t 期的居民可支配收入，I_t 表示 t 期的投资，I_0 表示考察起初的自主性投资支出，e 表示投资的利率弹性，r_t 表示 t 期的利率，τ 表示税率，TR_t 表示 t 期的政府转移支付。

将（3.3）式、（3.4）式、（3.5）式和（3.6）式代入（3.2）式后，再代入（3.1）式中，整理得：

$$Y_t = \frac{C_0 + I_0 + G_t + cTR_t}{1 - (1-\tau)c} - \frac{e}{1 - (1-\tau)c} \cdot r_t \tag{3.7}$$

也可以将（3.7）式写成如下形式：

$$Y_t = \frac{C_0 + I_0 + cTR_t}{1 - (1-\tau)c} + \frac{G_t}{1 - c(1-\tau)c} - \frac{e}{1 - (1-\tau)c} \cdot r_t \tag{3.8}$$

对（3.8）式中的政府支出（G_t）求偏导数，得：

——————————
①马拴友.财政政策与经济增长[M].北京:经济科学出版社,2003.15~20.

$$a_G = \frac{1}{1-c\ (1-\tau)} \tag{3.9}$$

其中，a_G 表示三部门下的政府支出乘数。

将 (3.7) 式变换为如下形式：

$$r_t = \frac{C_0+I_0+G_t+cTR_t}{1-\ (1-\tau)\ c} - \frac{1-\ (1-\tau)\ c}{e} \cdot Y_t \tag{3.10}$$

(3.10) 式表示 IS 曲线，即在产品市场均衡时，收入与利率之间的函数关系。

通常将自发性支出 ($\bar{A}$) 定义为：

$$\bar{A}_t = \frac{C_0+I_0+G_t+cTR_t}{e} \tag{3.11}$$

将 (3.11) 式代入 (3.10) 式得：

$$r_t = \bar{A}_t - \frac{1-\ (1-\tau)\ c}{e} \cdot Y_t \tag{3.12}$$

自发性支出为 IS 曲线的截距，在斜率既定的情况下，自发性支出的大小决定了 IS 曲线的位置。

对 (3.12) 式中的收入 (Y_t) 求偏导数，得：

$$\frac{\partial r_t}{\partial Y_t}\bigg|_{IS} = -\frac{1-\ (1-\tau)\ c}{e} < 0 \tag{3.13}$$

(3.13) 式表明 IS 曲线斜率为负，向右下方倾斜，斜率的大小取决于边际消费倾向 (c)、投资的利率弹性 (e) 和税率 (τ)。

同样，LM 曲线也可以用如下数学模型予以描述：

$$M_t^S = M_t^D \tag{3.14}$$

$$M_t^S = \frac{M_t}{P_t} \tag{3.15}$$

$$M_t^D = \frac{L_t}{P_t} = k \cdot Y_t - h \cdot Y_t\ ,\quad 0<k<1,\ h>0 \tag{3.16}$$

(3.14) 式表示货币市场的均衡条件，即实际货币供给等于实际货币需求；(3.15) 式表示实际货币供给函数、(3.16) 式表示实际货币需求函数。其中，M_t^S 表示 t 期的名义货币供给量，M_t^D 表示 t 期的名义货币供给量，P_t 表示 t 期的价格水平，L_t 表示 t 期的名义货币需求，k 表示货币需求的收入弹性，h 表示货币需求的利率弹性。

将 (3.15) 式和 (3.16) 式代入 (3.14) 式得：

$$r_t = \frac{k}{h} \cdot Y_t - \frac{M_t}{P_t \cdot h} \qquad (3.17)$$

（3.17）式表示 LM 曲线，即在货币市场均衡时，收入和利率之间的函数关系。

对（3.17）式中的收入（Y_t）求偏导数，得：

$$\left. \frac{\partial r_t}{\partial Y_t} \right|_{LM} = \frac{k}{h} > 0 \qquad (3.18)$$

（3.18）式说明 LM 曲线斜率为正，向右上方倾斜，斜率的大小取决于货币需求的收入弹性（k）与货币需求的利率弹性（h）之间的比值。

（二）IS-LM 模型、财政政策乘数和货币政策乘数

在价格和货币供给给定的情况下，将（3.10）式和（3.17）式联立起来解得产品市场和货币市场同时达到均衡时的收入决定表达式：

$$Y_t = \frac{h}{e \cdot k + h} \frac{[C_0 + I_0 + c\,TR_t]}{[1 - (1-\tau)\,c]} + \frac{h \cdot G_t}{e \cdot k + h} \frac{}{[1 - (1-\tau)\,c]} +$$

$$\frac{e \cdot M_t / P_t}{e \cdot k + h} \frac{}{[1 - (1-\tau)\,c]} \qquad (3.19)$$

对（3.19）式中的政府支出（G_t）求偏导数，得：

$$\frac{\partial Y_t}{\partial G_t} = \frac{1}{1 - (1-\tau)\,c + e \cdot k/h} \qquad (3.20)$$

（3.20）式表示在实际货币供给不变的情况下，政府支出的变化所引起的收入变动幅度，即财政政策乘数。

对（3.19）式中的实际货币供给（M_t/P_t）求偏导数，得：

$$\frac{\partial Y_t}{\partial (M_t/P_t)} = \frac{1}{k + [1 - (1-\tau)\,c] \cdot h/e} \qquad (3.21)$$

（3.21）式表示在产品市场均衡的情况下，实际货币供给量的变化所引起的收入变动幅度，即货币政策乘数。

（三）IS-LM 模型下的财政政策有效性分析

在 IS-LM 模型框架下是通过考察财政政策乘数的大小来对财政政策的有效性进行分析的。在正常情况下，通过分析 IS 曲线斜率和 LM 曲线的斜率对财政政策乘数的影响来分析财政政策的有效性；在极端情况下，通过假设财政政策和货币政策乘数分别为零时来分析财政政策的有效性。

由（3.13）式可知，IS 曲线的斜率为：

$$\beta_{IS} = -\frac{1-(1-\tau)c}{e} \qquad (3.22)$$

由（3.18）式可知，LM 曲线的斜率为：

$$\beta_{LM} = \frac{k}{h} \qquad (3.23)$$

将（3.22）式和（3.23）式代入（3.20）式中得：

$$\frac{\partial Y_t}{\partial G_t} = \frac{1}{e(\beta_{LM} - \beta_{IS})} \qquad (3.24)$$

（3.24）式也为财政政策乘数。与（3.20）式相比，该财政政策乘数表达式只受投资对利率的敏感度（e）、IS 曲线的斜率和 LM 曲线的斜率这三个变量的影响，因此，利用此式将更容易分析财政政策有效性的影响因素。深入分析该财政政策乘数，至少可以得出以下几点关于财政政策之有效性的理论判断。

1.IS 曲线斜率对财政政策有效性的影响

假定 LM 曲线固定，则 β_{LM} 为大于零的定值。此时，边际消费倾向（c）、投资的利率弹性（e）和税率（τ）的大小决定了财政政策乘数的大小。

第一种情况，即税率（τ）和投资的利率弹性（e）不变情况下，边际消费倾向（c）发生变化，例如 $c_1 < c_2$，由（3.22）式可知，$\left|\beta_{IS}^1\right| > \left|\beta_{IS}^2\right|$，这表明 IS_1 曲线比 IS_2 曲线更为陡峭。那么，由（3.24）式可知，

$\partial Y_t^1 / \partial G_t < \partial Y_t^2 / \partial G_t$，说明 IS_1 曲线所对应的财政政策乘数小于 IS_2 曲线所对应的财政政策乘数。

于是，可以得出这样的结论：边际消费倾向（c）越大，IS 曲线越平坦，其财政政策乘数效应越大，财政政策实施效果越好；反之，边际消费倾向（c）越小，IS 曲线越陡峭，其财政政策乘数效应越小，财政政策实施效果越差。这是因为，在边际消费倾向（c）较大情况下，政府的扩张性财政政策促使国民收入增加中用于私人消费的那部分收入的规模就较大，进而导致均衡的国民收入增加得越多。因此，在边际消费倾向（c）较大情况下，扩张性财政政策实施效果就较好；反之，则效果较差。

第二种情况，即在边际消费倾向（c）和投资的利率弹性（c）不变情况下，税率（τ）发生变化，例如，则由（3.22）式可知，$\left|\beta_{IS}^1\right| < \left|\beta_{IS}^2\right|$，这

表明 IS_1 曲线比 IS_2 曲线更为平坦。那么，由（3.24）式可知，

$\partial Y_t^1/\partial G_t > \partial Y_t^2/\partial G_t$，说明 IS$_1$ 曲线所对应的财政政策乘数大于 IS$_2$ 曲线所对应的财政政策乘数。

于是，可以得出这样的结论：税率（τ）越小，IS 曲线越平坦，其财政政策乘数效应越大，财政政策实施效果越好；反之，税率（τ）越大，IS 曲线越陡峭，其财政政策乘数效应越小，财政政策实施效果越差。这是因为，在税率（τ）较小的情况下，政府的扩张性财政政策促使居民手中的可支配收入增加得越多，促使国民收入增加中用于私人消费的那部分收入的规模就较大，进而导致均衡的国民收入增加得越多。因此，在税率（τ）较小情况下，扩张性财政政策实施的效果就较好；反之，则效果较差。

上述两种假设条件下，IS 曲线越平坦财政政策越有效。其财政扩张政策的效果如图 3.1 所示。

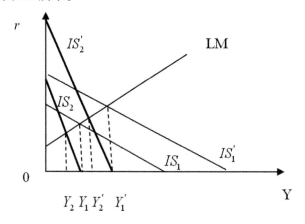

图 3.1　边际消费倾向（c）和税率（τ）变化对财政政策效果的影响

第三种情况，即边际消费倾向（c）和税率（τ）固定不变，投资的利率弹性（e）发生变化，例如 $e_1 < e_2$，则由（3.22）式可知，$\left|\beta_{IS}^1\right| < \left|\beta_{IS}^2\right|$，这表明 IS_2 曲线比 IS_1 曲线更为陡峭；由（3.20）式可知，$\partial Y_t^1/\partial G_t > \partial Y_t^2/\partial G_t$，这说明 IS_1 曲线所对应的财政政策乘数大于 IS_2 曲线所对应的财政政策乘数。

于是，可以得出这样的结论：投资的利率弹性（e）越小，IS 曲线越陡峭，其财政政策乘数效应越大，财政政策实施效果越好；反之，投资的利率弹性（e）越大，IS 曲线越平坦，其财政政策乘数效应越小，财政政策实施效果越差。这是因为，在投资的利率弹性（e）较小的情况下，政

府的扩张性财政政策促使利率上升所致的私人投资减少得越少，挤出效应越小，进而导致均衡的国民收入增加得越多。因此，在投资的利率弹性（e）较小的情况下，扩张性财政政策实施效果就较好；反之，则效果较差。

投资的利率弹性（e）变化时，IS曲线越陡峭财政政策越有效，其财政扩张政策效果如图3.2所示。

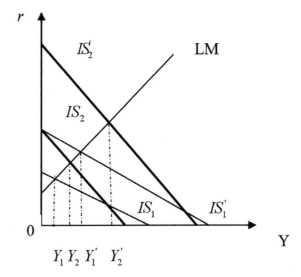

图3.2 投资的利率弹性（e）变化对财政政策效果的影响

2.LM曲线斜率对财政政策有效性的影响

假定IS曲线固定，则β_{IS}为小于零的定值。此时，货币需求的收入弹性（k）和货币需求的利率弹性（h）的大小决定了财政政策乘数的大小。

第一种情况，即在货币需求的利率弹性（h）不变情况下，货币需求的收入弹性（k）发生变化，例如$k_1<k_2$，则由（3.23）式可知，$\beta_{LM}^1<\beta_{LM}^2$，这表明$LM_1$曲线比$LM_2$曲线更为平坦；由（3.24）式可知，$\partial Y_t^1/\partial G_t>\partial Y_t^2/\partial G_t$，这说明$LM_1$曲线所对应的财政政策乘数大于$LM_2$曲线所对应的财政政策乘数。

于是，可以得出这样的结论：货币需求的收入弹性（k）越小，LM曲线越平坦，其财政政策乘数效应越大，财政政策实施效果越好；反之，货币需求的收入弹性（k）越大，LM曲线越陡峭，其财政政策乘数效应越小，财政政策实施效果越差。这是因为，在货币需求的收入弹性（k）较小情况下，由政府的扩张性财政政策引起的收入增加而导致的交易性和预防性需求（k·Y）增加得越少。在货币供给不变的情况下，投机性货币需求（–h·r）减少得越少，利率增加得越少，政府对私人投资的挤出效应越小，进而导致均衡的国民收入增加得越多。因此在货币需求的收入弹性（k）较小情况下，扩张性财政政策实施效果就越好；反之，则效果较差。

第二种情况，即货币需求的收入弹性（k）不变情况下，货币需求的利率弹性（h）发生变化，例如 $h_1<h_2$，则由（3.23）式可知，$\beta_{LM}^1>\beta_{LM}^2$，这表明 LM_1 曲线比 LM_2 曲线更为陡峭；由（3.24）式可知，$\partial Y_t^1/\partial G_t<\partial Y_t^2/\partial G_t$，这说明 LM_1 曲线所对应的财政政策乘数小于 LM_2 曲线所对应的财政政策乘数。

于是，可以得出这样的结论：货币需求的利率弹性（h）越小，LM 曲线越陡峭，其财政政策乘数效应越小，财政政策实施效果越差；反之，货币需求的利率弹性（h）越大，LM 曲线越平坦，其财政政策乘数效应越大，财政政策实施效果越好。这是因为，在货币需求的利率弹性（h）较小情况下，由政府实施扩张性财政政策引起的收入增加而导致的交易性和预防性货币需求（k·Y）增加。在货币供给不变的情况下，投机性货币需求（–h·r）要减少，由于货币需求的利率弹性（h）越小，利率增加得越多，政府对私人投资的挤出效应越大，进而导致均衡的国民收入增加得越少。因此，在货币需求的利率弹性（h）较小情况下，扩张性财政政策实施效果较差；反之，则效果较好。

上述两种假设条件下，LM 曲线越平坦，财政政策越有效。其财政扩张政策的效果如图 3.3 所示。

3.乘数为零时财政政策的有效性分析

这里乘数包括财政政策乘数和货币政策乘数，因此乘数为零的情况分为以下两种。

第一种情况，财政政策乘数为零，则由（3.20）式可知，财政政策乘数为零的情况有两种：一是投资的利率弹性（e）无穷大，此时 IS 曲线的斜率为零，扩张性财政政策无法移动 IS 曲线调节均衡收入；二是货币需求的利率弹性（h）为零，此时 LM 曲线垂直，扩张性财政政策会产生完全挤出效应，无法改变均衡国民收入。因此，在这种情况下，扩张性财政政策无效。

第二种情况，货币政策乘数为零，则由（3.21）式可知，货币政策乘数为零的情况也有两种：在投资的利率（e）为零时，IS 曲线的斜率无穷大，扩张性财政政策不会使利率上升而产生挤出效应，故均衡的国民收入的增加完全来自财政扩张；在货币需求的利率弹性（h）无穷大时，LM 曲线的斜率为零，出现"流动性陷阱"，扩张性财政政策增加均衡国民收入的同时而不会提高利率，产生挤出效应。因此，在这种情况下，扩张性财政政策完全有效。

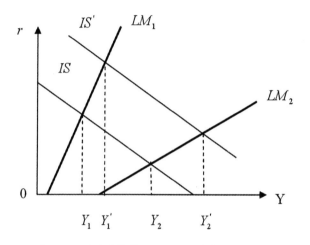

图 3.3　财政政策效果受 LM 斜率变化的影响

二、蒙代尔 – 弗莱明模型下的财政政策有效性分析

（一）蒙代尔 – 弗莱明模型

在假定经济处于开放条件的情况下，美国经济学家蒙代尔和弗莱明在 20 世纪 60 年代对 IS-LM 模型进行了扩展性研究，建立了"蒙代尔–弗莱明模型"（Mundell–Fleming Model，简称 M–F 模型）。该模型主要用于分析在资本完全流动条件下，不同汇率制度对财政政策有效性的影响。

假设价格水平短期不变，且经济产出完全由总需求所决定，在经济开放且资本完全流动，商品和资本可以跨国流动的情况下，商品市场的均衡条件[1]为：

---

①夏兴园,洪正华.财政政策与货币政策效应研究[M].北京:中国财政经济出版社,2002.129~135.

$$Y_t = C_t + I_t + G_t + NX_t \tag{3.25}$$

$$NX_t = X_t - M_t \tag{3.26}$$

$$X_t = X_t\ (P,\ \pi_t) \tag{3.27}$$

$$M_t = M\ (Y_t,\ P,\ \pi_t) \tag{3.28}$$

其中，（3.25）式表示市场均衡条件，（3.26）式表示出口函数，（3.27）式表示进口函数，NX_t 表示 t 期的净出口，X_t 表示 t 期的出口额，M_t 表示 t 期的进口额，π 表示 t 期的汇率。

在不考虑汇率的情况下，有：

$$X_t = \delta_1 \tag{3.29}$$

$$M_t = \delta_2 + \alpha Y_t,\quad \alpha > 0 \tag{3.30}$$

其中，δ_1 表示出口商品，δ_2 表示进口商品，它与国民收入没有直接关系（如本国没有的生活必需品等），α 表示边际进口倾向。

在存在汇率的情况下，净出口方程如下：

$$NX_t = \delta_1 - \delta_2 - \alpha Y_t - \sigma \cdot \pi_t \cdot P/P^*,\quad \sigma > 0 \tag{3.31}$$

其中，$\pi_t \cdot P/P^*$ 表示 t 期的真实汇率，σ 表示净出口对真实汇率的敏感度。

假设真实汇率是利率的正函数，具体形式如下：

$$\pi_t \cdot P/P^* = q + w \cdot r_t,\quad q > 0,\ w > 0 \tag{3.32}$$

令 $\delta = \delta_1 - \delta_2$，将（3.32）式代入（3.31）式得净出口函数为：

$$NX_t = \delta - \alpha Y_t - \sigma\ (q + wr_t) \tag{3.33}$$

将（3.3）式、（3.4）式和（3.33）式代入（3.25）式，得：

$$Y_t = \frac{C_0 + I_0 + cTR_t + \delta - \sigma q}{1 + \alpha - c\ (1-\tau)} - \frac{e + \sigma w}{1 + \alpha - c\ (1-\tau)} \cdot r_t \tag{3.34}$$

将（3.34）改写成如下形式：

$$Y_t = \frac{C_0 + I_0 + cTR_t + \delta - \sigma q}{1 + \alpha - c\ (1-\tau)} + \frac{G_t}{1 + \alpha - c\ (1-\tau)} - \frac{e + \sigma w}{1 + \alpha - c\ (1-\tau)} \cdot r_t \tag{3.35}$$

对（3.35）式中的政府支出（G_t）求偏导数，得：

$$a_G = \frac{1}{1 + \alpha - c\ (1-\tau)} \tag{3.36}$$

其中，a_G 表示四部门下的政府支出乘数。

进一步整理得：

$$r_t=\frac{C_0+I_0+G_t+cTR_t+\delta-\sigma q}{e+\sigma w}-\frac{1+\alpha-c\ (1-\tau)}{e+\sigma w}\cdot Y_t \tag{3.37}$$

（3.37）式表示开放条件下的 IS 曲线。

由于开放条件下与封闭条件下的 LM 曲线是一样的，故将开放条件下的 IS 曲线与封闭条件下的 LM 曲线联立起来，得到在开放条件下，产品市场和货币市场同时达到均衡时的收入决定表达式如下：

$$Y_t=\frac{h\ (C_0+I_0+cTR_t+\delta-\sigma q)}{k\ (e+\sigma w)\ +h\ (1+\alpha-c\ (1-\tau))}+\frac{hG_t}{k\ (e+\sigma w)\ +h\ (1+\alpha-c\ (1-\tau))}$$
$$+\frac{(e+\sigma w)\ \cdot\ (M/P)}{k\ (e+\sigma w)\ +h\ (1+\alpha-c\ (1-\tau))} \tag{3.38}$$

对（3.38）式中的政府支出（G_t）和实际货币供给（M_t/P_t）分别求偏导数，得：

$$\frac{\partial Y_t}{\partial G_t}=\frac{1}{1-c\ (1-\tau)\ +\alpha+\ (e+\sigma w)\ \cdot k/h} \tag{3.39}$$

$$\frac{\partial Y_t}{\partial (M/P)}=\frac{1}{k+h\cdot\ [1+\alpha-c(1-\tau)]\ /(e+\sigma w)} \tag{3.40}$$

（3.39）式表示开放条件下的财政政策乘数，（3.40）式表示开放条件下的货币政策乘数。将（3.39）式与（3.20）式和（3.40）式与（3.21）式进行比较，可以发现，在开放条件下，不仅 c、e、τ、k 和 h 等因素能够影响财政政策乘数和货币政策乘数，而且 α、σ 和 w 也能对其产生影响。在其他条件一样的情况下，封闭条件下的财政政策乘数要比开放条件下的大。

（二）蒙代尔－弗莱明模型下的财政政策有效性分析

在开放条件下，一国的财政政策有效性受汇率制度的影响较大，这里的汇率制度是指浮动汇率制度和固定汇率制度[1]。下面将对不同汇率制度下财政政策有效性进行对比分析。

在浮动汇率制度下，如果本国利率（r_t）比外国利率（r_t^f）高，则外国资本就会流入本国，使本国资本账户[2]出现盈余；如果本国利率（r_t）比外国利率（r_t^f）低，则本国资本就要外流，使本国资本账户出现逆差。由此

[1]浮动汇率制度是指一国货币当局不把本国货币对外国货币汇率的波动界限加以固定,听任汇率随外汇市场的供求变化自由浮动;固定汇率制度是指一国货币当局把本国货币对外国货币汇率的波动界限加以固定,使汇率相对稳定地在一个很小的范围内波动。

[2]资本账户是指记录一国与他国之间的资本流动状况。

可见，本国与外国的利率差决定了资本流动方向，则：

$$CF_t=\lambda \cdot (r_t-r_t^f), \quad \lambda>0 \tag{3.41}$$

其中，CF_t 表示 t 期的资本流入，λ 表示资本流动的利率弹性。在全球经济一体化的当下，各国之间的利差会导致资本的大量流动，这意味着 λ 的值趋于无穷大。

国际收支账户[①]的表达式为：

$$BP_t=CF_t+NX_t \tag{3.42}$$

在浮动汇率制下，将（3.33）式和（3.41）式代入（3.42）式可得：

$$BP_t=\lambda \cdot (r_t-r_t^f)+\delta-\alpha Y_t-\sigma \cdot (q+wr) \tag{3.43}$$

（3.43）式表明，本国利率 r_t 上升，CF_t 增加，NX_t 下降；反之，CF_t 下降，Nxt 增加。

国际收支平衡的条件为：

$$BP_t=\lambda \cdot (r_t-r_t^f)+\delta-\alpha Y_t-\sigma \cdot (q+wr)=0 \tag{3.44}$$

整理得：

$$r_t=\frac{\lambda r_t^f-\delta+\sigma q}{\lambda+\sigma w}+\frac{\alpha}{\lambda+\sigma w} \cdot Y_t \tag{3.45}$$

（3.45）式表示国际收支平衡线，即国际收支平衡时的收入与利率的关系。

对（3.45）式中的收入（Y_t）求偏导数，得：

$$\beta_{BP}=\frac{\partial r_t}{\partial Y_t}=\frac{\alpha}{\lambda+\sigma w}>0 \tag{3.46}$$

由于 $\beta_{BP}>0$，因此，国际收支平衡线的轨迹是一条斜率为正的直线。当 $BP_t>0$ 时，国际收支出现顺差，即国际收支平衡线以上的区域；当 $BP_t<0$ 时，国际收支出现逆差，即国际收支平衡线以下的区域。

在浮动汇率制度下，当本国商品市场、货币市场和国际收支同时达到均衡时，IS 曲线、LM 曲线和 BP 线相交于 E* 点。财政扩张时，IS 曲线向右移至 IS′，与 LM 曲线相交于 E′点，由于 E′点位于国际收支平衡线（BP）上，所以，国际收支出现顺差。一方面，国际收支顺差使本币升值，

①国际收支账户是用来记录一国与他国的经济业务往来的，可以分为资本账户和经常账户。

汇率上升，导致净出口下降，IS′曲线向左移至 IS″，与 LM 曲线相交于 E″点；另一方面，汇率上升使本国利率上升，抑制国内投资，吸引外资流入，导致 BP 线向上移至 BP′，由于外资流入导致国内货币供给增加，LM 曲线向右移至 LM′，并与 IS″曲线相交于点 E*′，此时，商品市场、货币市场和国际收支重新达到均衡，如图 3.4 所示。

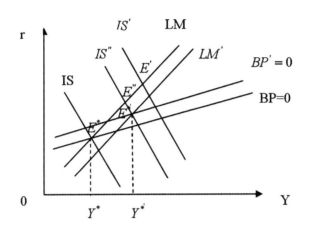

图 3.4 浮动汇率下的财政扩张效果图

在固定汇率制度下，汇率固定不变，与利率之间不存在关系，将（3.31）式和（3.41）式代入（3.43）式中得固定汇率制度下的国际收支平衡条件为：

$$BP_t = \lambda \cdot (r_t - r_t^f) + \delta - \alpha Y_t - \sigma \cdot \pi_t \cdot P/P^* = 0 \tag{3.47}$$

整理得：

$$r_t = \frac{\lambda r_t^f - \delta + \sigma \cdot \pi_t \cdot P/P^*}{\lambda} + \frac{\alpha}{\lambda} \cdot Y_t \tag{3.48}$$

现实中，由于 λ 值趋于无穷大，因此，国际收支平衡线就变成一条与横轴平行的水平线，且有：

$$r_t = r_t^f \tag{3.49}$$

（3.49）式表明在国际资本自由流动且不限制资本流动的现实背景下，如果采用固定汇率制度，那么本国与国外的利率就必须保持一致，否则资本将出现国际大转移，致使本国国际收支失衡，引起经济大幅波动。为了使本国的利率与国外的利率保持同步，中央银行必须经常调整货币供给。

在固定汇率制度下，当国内商品市场、货币市场和国际收支达到均衡时，IS 曲线、LM 曲线和 BP 线相交于 E* 点。当财政扩张时，IS 曲线向右移至 IS′，与 LM 曲线相交于 E′点，此时本国利率高于外国利率，为了维持本国和外国的利率相等，本国的货币当局通过增加货币供给，使 LM 曲线向右移至 LM′，并与 IS′曲线和 BP 线相交于 E*′点，此时商品市场、货币市场和国际收支重新达到均衡，如图 3.5 所示。

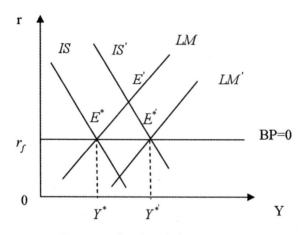

图 3.5　固定汇率下的财政扩张效果图

从图 3.4 和图 3.5 的对比中可以看出，固定汇率制度下财政扩张使均衡国民收入增加得更多，因此在蒙代尔-弗莱明模型下，一国实行固定汇率制度时，其财政政策作用更有效。

第三节　财政政策之非凯恩斯效应的理论观点和理论模型

人们关于财政政策非凯恩斯效应方面的研究，主要集中在两个方面：一些经济学家认为，财政政策对经济增长或私人消费根本不产生影响，提出的主要代表性理论包括"李嘉图等价原理""理性预期理论"；另外还有一些经济学家认为，财政政策对经济增长或私人消费产生负面影响，主要代表人物包括费尔德斯坦（Feldstein）、布兰查德（Blanchard）、萨瑟兰（Sutherland），以及柏托拉和德拉赞（Bertola and Drazen）等人。

本节首先简要介绍上述主要代表人物的一些重要的理论观点。随后，利用理论模型加以论证，在何种情况下可能存在着"财政政策非凯恩斯效应"。

一、财政政策无效的非凯恩斯效应

（一）李嘉图学派的观点

《政治经济学及赋税原理》一书中有关"债务和税收等价"的推测，是大卫·李嘉图于 19 世纪初提出的，即"在某些条件下，政府通过税收或举债进行筹资的经济效果是相同的或是等价的"。李嘉图的这一思想被巴罗（Barro）在 1974 年发表的《政府债券是净财富吗?》一文中，用现代经济学理论进行了拓展和深化，并形成著名的"巴罗–李嘉图等价定理"[①]。

"巴罗–李嘉图等价定理"的核心观点是具有理性预期行为特征的经济主体必将意识到政府公债仅仅是延迟的税收，将来政府一定会通过征税来弥补因发行公债而导致的财政赤字，且当前财政赤字额等于未来税收的现值。因此，为抵御未来税收增加所带来的不便，经济主体会削减当前消费，这说明政府通过发债实施的扩张性财政政策，将不会促进居民消费和产出的增加。如果经济处于短期充分就业均衡，以债务融资代替减税的政府行为既不会影响价格，带来通货膨胀压力，也不会不影响利率，对私人投资产生挤出效应。

托宾（Tobin，1980）列出了李嘉图等价定理得以成立的必要限制条件：代际转移、无限期界、一次性总付税、完备资本市场、财富效应和无限债务。[②]众所周知，在上述假设条件下，不管政府采用债券融资还是税收融资，对经济中的消费、投资、产出和利率水平都不会产生影响。原因是当政府为弥补赤字而发行债券时，具有理性预期的公众明白债券变现最终还是要靠增税来完成，即现期债券相当于未来税收，政府债券融资只不过是移动了增税的时间。而且，具有"利他主义"遗产动机的消费者，除了关心自己的消费及其在消费中获得效用，也关心子女的消费及子女在消费中获得效用。尽管消费者收入增加是由举债的减税效应引起的，但在理

[①]Robert J.Barro.Are Government Bonds Net Wealth? [J].Journal of Political Economy,1974,82 (6): 1095~1117.

[②][美]本杰明·弗里德曼,[英]弗兰克·哈恩,等.货币经济学手册[M]陈雨露,曾刚等译,第 2 卷.北京:经济科学出版社,2002.911.

性地预期到将来税收将增加从而子女消费水平将受到不利影响时，消费者就不会因为现期收入的增加而增加消费。消费者不会将政府发行公债融资引起的财政扩张及收入增加看作是幸运的意外收获，他们宁愿将一部分收入储蓄起来以支付未来（甚至子女）的税收负担，因此消费需求不会上升，更不会出现消费支出的乘数效应。

李嘉图学派认为发行公债符合"萨伊"定律，即公众对国债的需求会自动增加到与政府出售的国债数量相等的水平。既然个人一生的预算约束不会受到税收时间路径的影响，那么个人的消费决策也不会受到影响（个人不会因为政府临时减税而增加消费支出）。结果，债务增加不会刺激总需求，对经济增长没有影响，即财政乘数为零，财政政策存在非凯恩斯效应。

（二）理性预期学派的观点

在宏观经济理论中，理性预期学派强调经济主体对未来政策的预期会影响其行为这一要点。理性预期学派中著名的"卢卡斯批判"（Lucas Critique）认为，理性的经济人在从事经济活动时，会充分运用理性预期使政策无效。在相机抉择的财政政策被政府实行时，经济主体根据理性预期的变化不断地调整自己的行为，使政策的实施效果变得反复无常，无效率；在固定规则的财政政策被政府实行时，经济主体根据理性预期来改变自己的行为，使政策的实施效果减弱。巴罗和普雷斯科特等人证明实行财政政策是无效的，还从政策选择机制本身角度对其予以否定。根据对李嘉图等价问题的研究，巴罗彻底否定了凯恩斯需求管理的财政政策思想。

理性预期学派的观点依赖于四个假设条件，即理性预期、个体利益最大化、自然率假说和市场出清。[①]通过宏观经济政策来改变就业量的凯恩斯主义主张，在理性预期学派看来是错误的，因为包括财政和货币政策在内的一切公开执行的经济政策，都会被预期到，所以，这些经济政策不会引起就业量或产量上升或下降，只会改变价格水平。

理性预期学派认为，全部的因素无法被包括国家经济管理人员在内的参加经济活动的主体所预期，更谈不上了解这些因素的作用，所以，国家经济管理人员即便知道经济政策有效，也无从执行这些政策，国家也就不

---

①高鸿业.西方经济学（宏观部分）[M].北京:中国人民大学出版社,2001.725~728.

能使用这些经济政策来稳定宏观经济。因此，理性预期学派得出在任何情况下，宏观经济政策都是无效的最终结论。[①]

二、财政政策存在负影响的非凯恩斯效应

目前有关财政政策对经济增长或私人消费产生负面影响的非凯恩斯效应是近代学者通过模型或是实证推导得出的观点，还没有形成理论体系，在此本书就这些学者的观点进行归纳和整理。

费尔德斯坦（Feldstein，1982）认为在当前财政态势不可持续时，提高税收反而增加消费，便会产生负影响的非凯恩斯效应。如果财政此时不做调整，金融部门和实体经济的运作秩序就会被扰乱，如果此时进行提高税收的财政调整，国债违约风险及产出的相关成本会被降低，人们预期收入提高，从而现时消费被增加了。布兰查德（Blanchard，1990）认为税收和国债都存在临界值，当税收或国债达到临界值时，增加税收的财政调整会降低产出，降低国债余额财政调整会提高消费，产生负影响的凯恩斯效应。与布兰查德（Blanchard，1990）相似，萨瑟兰（Sutherland，1997）认为国债比率存在门限值。当国债比率低于门限值时，私人消费会被税收的增加所降低；当国债比率达到并超过门限值时，私人消费反而被税收的增加所提高，产生负影响的非凯恩斯效应。

柏托拉和德拉赞（Bertola and Drazen，1993）认为，在政府支出达到较低水平的临界值时，如果政府支出并未削减，则消费者会降低消费，产生负影响的非凯恩斯效应。当政府支出水平达到较高水平的临界值时，政府支出大量减少，而消费水平没有下降，产生负影响的非凯恩斯效应。佩蒂（Perotti，1999）认为，当产出刺激力量低于税收扭曲时，政府支出的增加会使私人消费降低，产生负影响的非凯恩斯效应。而佩蒂（Perotti，2004）的研究发现增加政府支出和减少税收的财政调整会对私人投资产生负影响的非凯恩斯效应。

由此可见，财政政策非凯恩斯效应的研究是一个根据特定国家的实际情况所进行的实证研究。

057

---

①高鸿业.西方经济学(宏观部分)[M].北京:中国人民大学出版社,2001.734~738.

三、财政政策之非凯恩斯效应的理论模型

尽管到目前为止，无论是在理论方面，还是在实证方面，对非凯恩斯效应的研究都没有形成一致的结论。但是，研究财政政策非凯恩斯效应对完善财政理论和指导财政实践具有重要意义。为了分析财政政策非凯恩斯效应的存在性和存在前提问题，本书将利用非瓦尔拉均衡理论中的巴罗-格罗斯曼宏观一般非瓦尔拉均衡模型[①]来进行推导。

模型假设：①在考察期内存在两个市场：商品市场和劳动市场，三个经济主体：家庭、企业和政府；②市场遵循短边原则，即市场交易数量等于供给和需求两者中的最小量；③企业资本固定，且有个严格凹的生产函数 $(F_t(L_t))$；④企业目标是使其利润 $(\pi=P_tY_t-W_tL_t)$ 最大化，家庭的目标是使其消费商品的效用最大化；⑤企业税前收入等于商品总量 (Y_t)，税后所有利润全部分给家庭。

假定在考察期初，家庭储蓄的货币量为 S_0，因此，家庭的预算约束为：

$$P_tC_t+S_t=W_tL_t+S_0+\pi_t-P_t\tau_t \tag{3.50}$$

其中，P_t 表示 t 期的商品价格，W_t 表示 t 期的劳动工资，且每一期内商品价格和工资都是固定的，C_t 表示 t 期家庭消费的商品数量，L_t 表示 t 期家庭出售的劳动数量，S_t 表示 t 期家庭储蓄的货币数量，τ_t 表示 t 期的政府税收。

假设家庭的效用函数为：

$$U_t(c_t,\ L_0-L_t,\ S_t/P_t^e) \tag{3.51}$$

其中，L_0 表示考察期初家庭拥有的劳动总量，这个效用函数表明家庭消费商品所获得的效用大小取决于：家庭所消费的商品数量 c_t，所享受的闲暇时间 L_0-L_t 和考察期末拥有的实际货币数量 S_t/P_t^e。

假定效用函数是对数形式，则上述家庭的效用函数为：

$$U_t=\alpha_1\log c_t+\alpha_2\log(L_0-L_t)+\alpha_3\log(S_t/P_t^e) \tag{3.52}$$

并且，$\alpha_1+\alpha_2+\alpha_3=1$。

接下来，对财政政策之非凯恩斯效应的存在性和存在前提的分析将从三个角度展开：

---

①袁志刚.非瓦尔拉均衡理论及其在中国经济中的应用[M].上海:上海人民出版社,2006.61~72.

一是商品市场供过于求，劳动市场存在失业。此时，家庭出售的劳动数量受企业需求量的约束（$\overline{L_t^d}$），那么在家庭效用最大化目标下，家庭的商品有效需求的求解如下：

$$Max\ U_t = \alpha_1 \log c_t + \alpha_2 \log\ (L_0 - L_t)\ + \alpha_3 \log\ (S_t / P_t^e)$$

$$s.t.\ P_t c_t + S_t = W_t L_t + S_0 + \pi_t - P_t \tau_t$$

$$L_t \leq \overline{L_t^d} \tag{3.53}$$

这里假定对劳动供给的数量配额约束是有效的，因此，家庭有关消费的有效需求函数为：

$$c_t^* = \frac{\alpha_1}{\alpha_1 + \alpha_3}\ \left[\frac{S_0 + \pi_t + W_t \overline{L_t^d} - P_t \tau_t}{P_t}\right] \tag{3.54}$$

由于劳动市场上存在失业，企业的需求数量为 $\overline{L_t^d}$，且以其作为生产函数的自变量进行生产，生产出的商品数量为 Y_t。根据利润函数（$\pi_t = P_t Y_t - W_t L_t$），可以将家庭消费函数写为：

$$c_t^* = \frac{\alpha_1}{\alpha_1 + \alpha_3}\ \left[\frac{S_0}{P_t} + Y_t - \tau_t\right] \tag{3.55}$$

由于商品市场供过于求，按照短边原则，需求决定交易数量（Y_t），因此，总生产数量就等于家庭与政府的商品有效需求之和，即：

$$Y = c_t^* + G_t = \frac{\alpha_1}{\alpha_1 + \alpha_3}\ \left[\frac{S_0}{P_t} + Y_t - \tau_t\right]\ + G_t \tag{3.56}$$

其中，G_t 表示 t 期政府消费的商品数量。

从而得到商品市场的均衡产量，如下：

$$Y_t^* = \frac{\alpha_1}{\alpha_3}\ \left(\frac{S_0}{P_t} - \tau_t\right)\ + \frac{\alpha_1 + \alpha_3}{\alpha_3} G_t \tag{3.57}$$

从（3.57）式中可以看出，总产出的增加是由政府支出的增加和税收的减少引起的，即财政政策对经济增长具有凯恩斯效应。

二是商品市场存在超额需求，劳动市场供大于求。此时，在两个市场上，家庭都受到约束，而企业都未受到约束，因此，根据工资和价格水平，企业完全可以实现其商品供给和劳动需求，即：

$$L_t^* = F^{-1}\ \left(\frac{W_t}{P_t}\right) \tag{3.58}$$

$$Y_t^* = F\ \left[F^{-1}\ \left(\frac{W_t}{P_t}\right)\right] \tag{3.59}$$

（3.59）式表明，财政政策对产出并不产生影响，即财政政策具有非凯恩斯效应。

三是商品市场和劳动力市场都存在超额需求。此时，家庭在商品市场受到企业供给数量（$\overline{c_t^s}$）的约束，那么在家庭效用最大化目标下，家庭劳动有效供给的求解如下：

$$Max\ U_t=\alpha_1\log c_t+\alpha_2\log\ (L_0-L_t)\ +\alpha_3\log\ (S_t/P_t^e)$$

$$s.t.\ P_tc_t+S_t=W_tL_t+S_0+\pi_t-P_t\tau_t$$

$$c_t\leqslant\overline{c_t^s} \tag{3.60}$$

通过解该最优规划问题得到劳动的有效供给函数为：

$$L_t^*=L_0-\frac{\alpha_2}{\alpha_2+\alpha_3}\ \left[\frac{S_0+\pi_t+W_tL_0-P_t\tau_t-P_t\overline{c_t^s}}{W_t}\right] \tag{3.61}$$

在产量完全可以满足政府需求的情况下，由于政府在商品市场上拥有优先权，所以，家庭在产品市场上的购买量（$\overline{c_t^s}$），即

$$\overline{c_t^s}=c_t^*=Y_t^*-G_t \tag{3.62}$$

由于存在劳动的超额需求，劳动的交易数量等于劳动的有效供给 L_t^*。根据利润函数（$\pi_t=P_tY_t-W_tL_t$），得到均衡的劳动数量为：

$$L_t^*=L_0-\frac{\alpha_2}{\alpha_3}\left[\frac{S_0+P_tG_t-P_t\tau_t}{W_t}\right] \tag{3.63}$$

由于商品市场上存在超额需求，利用（3.63）式中的均衡劳动数量所能生产的最大产量就是企业的生产产量，即

$$Y_t^*=F\ (L_t^*) \tag{3.64}$$

从（3.63）和（3.64）式可以看出，增加政府支出将使有效劳动供给减少，进而使总产出减少，同理提高税收将使劳动的有效供给增加，进而使总产出增加，即财政政策具有非凯恩斯效应。

由于我国计划经济体制色彩在 20 世纪 90 年代中期以前较浓，且政府计划配额的限制，严重的短缺状态是这一时期我国商品市场的常态；由于我国劳动力大量聚集在农村和劳动力流动的限制，我国劳动市场有较多年份出现对劳动的过度需求，由此可见，商品市场和劳动市场的超额需求成为这一时期我国经济发展的主要矛盾。而 20 世纪 90 年代中期以后，由于

我国市场化程度越来越高和劳动力流动限制的逐渐放开，计划经济下的短缺状态逐渐被改善，过剩经济时代逐渐到来，商品市场和劳动市场的有效需求不足逐渐显现，成为这一时期我国经济发展的主要矛盾。可见，20 世纪 90 年代中期以前，我国财政政策较易产生非凯恩斯效应，而 20 世纪 90 年代中期以后，我国财政政策则较易产生凯恩斯效应。

第四章 财政政策效应的影响因素分析

● 财政政策风险分析

● 财政政策时滞及可持续性分析

● 我国财政政策效应的影响因素分析

　　根据上一章的分析可以看出，财政政策的效应大小受到 IS 和 LM 曲线斜率的影响，并分别分析了 IS 曲线的斜率和 LM 曲线的斜率对财政政策效应大小的影响。为了进一步探索财政政策效应的影响因素，本章首先从财政政策可能面临的风险出发，分析我国财政政策面临的风险，同时，分析财政政策在实施过程中存在的时滞以及其可持续性问题，进而在上一章分析的基础上，细化分析 IS 曲线斜率和 LM 曲线斜率中影响财政政策效应的因素，如边际消费倾向，投资利率弹性，货币需求以及民间投资等的制约因素。

第一节　财政政策风险分析

任何政策的实施总会存在各种各样的问题，既有利又有弊，并不是十全十美的，财政政策亦是其中的一员。即便财政政策在实施的过程中，曾较为理想地解决了经济问题，但是也不能一成不变地无限制实施下去。事实上，随着财政政策的实施，同时带来了财政风险的不断扩大，财政风险能够影响财政政策效应的发挥，并限制财政政策实施的期限长短，所以财政风险也是影响财政政策效应的一个重要因素。

一、财政政策风险的内涵

在分析财政风险的内涵之前，首先分析一下什么是风险，以及风险具有的特征，接着分析财政风险的来源，有助于更加深刻地理解什么是财政风险。通常情况下，认为风险即指未来的不确定性因素。针对这一概念，风险具有五个方面的特征：一是损失性。既然称之为风险，就说明是未来的不确定性因素带来了损失，没有损失就不称之为风险，这种损失可以是有形资产，也可以是无形的。二是可量化。风险是可以进行具体测算得出相对准确的绝对值或者是相对大小的，这有利于政策的实施变量相对准确地把控。三是可预期。一般情况下，风险是当事人主体的一种主观心理感受，这种主观心理感受，有时是根据实际情况或者数据推测出的，具有客观真实性，有时纯属来自直观的感觉，没有理论依据。四是或然性，即可能性。这表示尽管风险是无时无刻不存在的，但是并不总是都能发生的，而是遵循着一定的规律，服从一定的概率分布。五是关联性，即风险不是孤立存在的，而是与某一具体的目标相联系。针对不同的目标，存在的风险大小，以及风险发生的概率都是不同的，但是风险与目标收益的大小是成正比例相关关系的。

从上述风险的特征中可以看出，风险是与某一特定目标相匹配的，因此，财政风险就是风险与财政政策领域相结合的结果，财政风险除了具有风险的基本特征以外，还具有财政领域特有的特征，因此，财政风险的特征总结如下：一是隐蔽性，即财政风险具有潜伏性。在大多数情况下，财政风险的表现都不是很明显，也不容易及时被发现。尽管有时财政运行表现良好，但这并不表示风险不存在。财政风险是具有积累性的，一旦随着时间的推移，风险因素积累到一定程度将会使得财政风险突显出来，此时的财政风险有可能对财政稳定造成严重的影响，并给经济带来大幅度的波动。二是延伸性。即财政风险不是某个地区发生后就止于这个地区范围的财政，而是可能会使风险延伸到整个财政系统，使得整个财政系统的运行状况恶化，影响财政对经济的整体宏观调控能力。严重的财政风险不但会带来财政危机，还会影响整个经济的稳定，带来经济与政治的双重动荡。三是普遍性，即财政风险存在于任何一级的财政系统内，无法消除，无法避免，只要财政系统存在，财政风险就无可避免，级别低的财政面临着较低水平的财政风险，级别高的财政面临着较高水平的财政风险。四是内外影响并存，即指财政风险不但受到经济内部运行情况的影响，还受到整个外部大的经济和社会环境的影响。其中内部影响主要是指由于市场变化，或者经济内部企业收益变化等造成的财政收支变化；外部影响主要是指由于政策调整、政府改革、环境变化或者社会居民预期变化等外部因素给财政带来的影响。

财政风险伴随着财政政策的实施，也呈现出了变化的特性。不同时期面对的经济环境不同，财政政策不同，面临的财政风险也不相同。但无论是在什么时期财政风险都无可避免，所以应充分了解各个经济阶段财政面临的风险，以便随时调整财政政策，力争将风险降到最低，最大限度地保证财政政策在应对经济状况过程中完成既定经济目标。

二、我国财政面临的财政风险

从当前我国的财政状况来看，我国财政面临的财政风险主要有以下几种：

一是财政体制风险，即该类风险是由于财政体制的不合理导致的。尽管 1994 年我国进行了分税制改革，以求解决我国财政面临的财政体制风险，并且也取得了一定的成效，但是远远没有达到既定的目标，所以改革后的财政体制仍然具有其不合理性，给中央和地方政府带来了巨大的压力，具体表现在收入和支出方面：首先，在财政收入方面，无论是中央还是地方政府的财政收入比重都较低，分税制改革后财政收入所占的比重有所提升，但还远远没有达到同类国家的水平，无法满足我国财政宏观调控经济的要求；其次，在财政支出方面，随着《预算法》的实施，我国各级财政每年都要进行详细的预算编制工作，但是在执行过程中，预算编制过程中出现的问题就呈现了出来，包括预算编制不够细致，预算支出基数居高不下，预算追加相对太随意等，这些问题都极大地增加了财政监督的难度。

二是财政债务风险，即由于财政负债大量增加给财政稳定带来的风险。有数据显示，自1979年至今，我国财政赤字几乎占了所有的年份，且逐年增加，赤字额也增加了好几十倍，这一数据非常可观。近年来，我国中央财政的债务依存度超过了60%，远远超过了国际公认的30%的最高限。为了弥补中央财政的赤字和以往年份债券的本息，中央迫不得已只能通过增发国债的方式来改善财政赤字状况，这样就引发了另一个问题，随着国债规模的不断扩大，财政所面临的债务风险不断增加。

三是财政隐性负债数量巨大。隐性负债的存在，增加财政风险的不确定性，使得政府对财政风险的大小评估更难预测，我国财政的隐性风险主要有：国有商业银行的不良贷款，社会保障基金欠账，外债以及粮食企业亏损等四种。其中，按照以往研究数据的归纳总结发现，国有商业银行的不良贷款高达2万亿元，这些不良贷款即使能够按照国外经验数据最高比例30%进行收回，也还有1.5万亿元收不回来的，这些收不回来的贷款，如果不想银行破产对经济造成冲击，最后只能由财政买单；对于社会保障基金的欠账，已经是老生常谈了，欠账过多使得我国政府面临巨大的财政压力，目前，我国政府对事业单位和公务员的社会保障缴纳已经进行了改革，这在一定程度上缓解了社会保障基金的压力，但是这还不足以弥补社会保障基金的缺口；我国面临的1万亿元的外债只能由政府承担；为了社会的稳定，保证国计民生的粮食的价格稳定，粮食企业的亏损最后只能由财政买单，上述众多的隐性债务，最后都会归到财政头上，由财政买单，给我国财政带来了巨大的风险。

四是改革风险，即指由于经济结构调整所带来的不利影响。当前我国经济结构调整所带来的一切不利影响，都要财政买单。无论是减税还是制度创新，或者是经济结构的调整，无论哪种，都是需要资金作为后盾支持的。而这些都是需要政府财政的全力支持的，没有财政的资金支持是无法顺利开展一切改革的。即使改革进行了，也会产生一些负面影响。例如给社会带来不稳定因素，这样就无法达到预期的政策效果。

三、财政政策实施带来的风险

在本节的第二部分中，阐述了我国财政面临的财政风险种类，除了由于财政体制和经济运行问题给财政带来的风险外，随着积极财政政策的实施，也会给财政带来风险，而这些风险和上述的财政风险既有共同之处，也有不同。随着积极财政政策的实施，积极财政政策给财政带来的主要债务风险加大。从我国财政政策的实施历史进程来看，在我国 1998 年实施积极财政政策以前，我国的财政赤字已经年年存在，并逐年增加，只不过赤字的数额相对不算巨大；但在 1998 年积极财政政策实施后，财政赤字的数额急剧增加，债务规模迅速扩大，这必然会给财政带来一些风险。具体风险表现为：

一是债务风险。从目前我国国债占国内生产总值的比重来看，我国的国债占国内生产总值的比重远远低于欧美国家 40%~60% 的比重，但是不少专家认为，国债占国内生产总值的比重，在欧美国家占有的比例相当高的原因是由于欧美国家的财政收入占国内生产总值的比重大多在 30% 以上，而我国的财政收入占国内生产总值的比重相对来说较低。我国的国债占国内生产总值的比重较低也实属正常，如果按照欧美标准来看，我国的国债还有很大的上升空间，同样财政收入占比也要有相应的提高。其次，从国债的偿债能力来看，我国已经注意到了国债的长短期分布问题。近年来，为了能够实现国债的错峰偿还，我国在发行国债上注重以长期国债为主，尽量做到在未来国债的偿还上长短期分布均衡，降低国债偿还压力。总体来看，随着财政政策的实施必然会使得政府债务增加，但是只要处理好财政收入和国债相匹配的问题，以及债务偿还能力问题，那么由财政政策实施所带来的债务风险还是可控的。

二是通货膨胀风险。如果政府实施积极财政政策，必然会使得政府的赤字增加。政府财政赤字增加，但是又不想通过增发国债的方式进行赤字弥补，而是通过向银行借款的方式进行弥补财政赤字，同时，银行资金来源不足，只能通过增发货币的形式进行弥补时，就会产生通货膨胀。然而事实上，我国目前主要采取的是增发国债的方式弥补财政赤字，我国国债的发行对象是商业银行，通过商业银行发行的国债，不但能够改善商业银行的资产结构，还能减轻银行利息负担，最主要的是没有增加货币的发行额，这就大大降低了发生通货膨胀的风险。此外，财政赤字扩大引发恶性通货膨胀的情况，是以市场供求紧张为前提的，就我国目前来看，我国市场的有效需求不足，需求管理的财政赤字的政策在一定时期内还是不会引发通货膨胀风险的，但是一旦我国的市场有效需求得到改善，就要注意财政赤字的扩大带来的影响。

三是挤出效应风险。如果政府实施的是积极的财政政策，政府就需要大量的资金资源。在货币发行量不变的情况下，政府支配的资金资源大幅度增加的话，会带来资金利率的上升，相对而言，民间投资就会因为利率的上升而减少；从另一个角度来说，如果政府占有的资源过多，必然会使得民间资源的使用数量下降，产生挤出效应。一旦挤出效应存在必然与我国以市场为导向的经济发展思想相悖。就目前我国的国情来看，我国当前市场有效需求不足，储蓄率过高，资源大量闲置，政府在实施积极财政政策时，不但不会产生挤出效应，还会将闲置的资源利用起来，为民间投资创造条件，带动其发展。

从我国的财政政策实施情况来看，我国自 2008 年以后实施的是积极财政政策。尽管积极财政政策的实施会产生上述三种政策风险，但是由于我国正处于市场有效需求不足的时期，所以当前我国积极财政政策的实施还不会带来上述三种风险。但是随着我国市场有效需求的提高，经济形势的转变，就有可能产生上述三种风险，届时积极的财政政策要及时撤退，避免政策风险的产生。

第二节　财政政策时滞及可持续性分析

财政政策的影响因素除了受财政政策实施过程中带来的风险影响外，还会受到财政政策时滞的影响，本节将从财政政策优缺点出发，分析财政政策的时滞，以及财政政策的可持续性。

一、财政政策的优缺点

财政政策之所以受到政府的青睐是因为，财政政策是为了弥补市场缺陷，在实施的过程中具有促进社会公平的作用，并且能够弥补私人投资触碰不到的领域；在优化经济结构方面，财政政策能够通过一系列的财政手段得以实现，并且能够促进经济区域协调发展；在调节社会总需求以及在发生特殊的情况时，利用财政支出措施，克服困难，保证经济发展和社会稳定。对于财政政策来说，最主要的一个优点是能够快速地刺激消费和投资，并且见效快、时滞短。

财政政策除了具有上述优点以外，当然也不是十全十美的，还是具有缺点的。具体表现在调节社会总需求方面，财政政策仅仅调节的是总量的变化，对细节的把控不够精准。此外，由于财政政策调节的直接性，其调节力度有时过大，易于对市场机制带来较大的冲击；从资金的使用效率角度来说，财政政策的刺激力度不够，无法实现提高自己的使用效率。事实上，财政政策不仅是一个经济政策的决策过程，同样也是一个政治决策过程，需要一定的时间来走程序，所以实行起来不容易。

二、财政政策的时滞

由上述分析可以了解到，积极财政政策是指一国政府在密切关注宏观经济形势的情况下，能够根据对宏观经济发展趋势的预测了解，积极主动地使用财政政策工具来调整经济变量以实现对本国的资源配置、实现经济稳定增长。从积极财政政策的定义中可以看出，财政政策的制定是需要政府根据我国经济的实际情况，通过分析预测，制定出符合当前经济状况的政策手段，然后通过论证可行性，进入实施阶段，因此，从认识到经济问题，到政策的制定实施，以及政策实施后到产生预期的经济效应，这期间的各个阶段都是具有一定的滞后性的，也就是所谓的时滞。

无论是何种政策的实施都是需要时间来进行调整的，但是存在着由于经济条件的实时变化，导致政策实施但还没产生效应前，该项政策已经过时，无法适应当前的经济状况了，因此，时滞的存在对财政政策效应的影响也是不可忽视的。在对财政政策可能存在的时滞进行充分的分析了解后，通过把时滞缩小来提高财政政策的实施效果，是至关重要的。按照财政政策时滞产生的时间先后顺序，财政政策时滞分为五种：一是认识时滞，顾名思义就是政府认识到经济出现状况的时间。当经济形势发生改变时，政府不可能立即就对经济状况的变化产生反应，而政府对经济状况变化做出反应的时间也是有长有短的，这就要看政府部门对经济状况的把握程度，以及其预测经济的能力，若政府能够较为详细地掌握经济状况的变化，并且有一个强大的经济预测部门，那么将有可能将时滞降到最短；二是行政时滞，主要是指政府在认识到经济出现问题后，对经济状况进行调查研究的过程，这一过程需要耗费时间，这一时间就称之为行政时滞；三是决策时滞，主要是指政府在调查研究后，将经济形势的分析预测结果提交用于政策制定审议通过所耗费的时间；四是执行时滞，在政策通过审议后，需要中央下发文件通过各级政府机关单位将政策实施下去，这都是需要执行时间的，在中央下发政策文件，到地方政府付诸实施，往往都有半年的时滞，这严重影响了政策的执行效果；五是效果时滞，主要是指政策正式实施后对经济产生实际的效应需要时间，因为某些政策是无法直接影响经济的，而是通过一些中间变量，间接地影响经济，中间变量对经济的影响是需要时间的，这就产生了效果时滞。

面对上述的种种时滞，为了避免政府的财政政策不会成为明日黄花，在制定应对经济状况的政策时，要充分考虑某项财政政策的时滞，防止财政政策刚刚实施或者实施后政策效应还没显现时，经济问题已然结束。一旦这种状况出现，就说明此项财政政策的制度与实施并不是在对经济形势的正确了解和评估下做出的。同时，即使财政政策制定准确，也会由于时滞的存在，使其政策效果大打折扣，因此，在考虑财政政策效果时，要将时滞作为一个重要的影响因素。

三、财政政策的可持续性

自 1998 年以来，我国实施了两次积极的财政政策。最近的一次积极财政政策的实施是 2008 年，此次的积极财政政策的实施帮助我国顺利渡过了全球性的金融危机，那么其后续还要实施多长时间，这就是财政政策的可持续性问题，这将成为我们研究的重点。在第一节中我国面临的财政政策风险中，曾提到，我国的政府财政负债比率远远低于欧美国家的 60% 的标准，如果单纯从这一指标来看，我国未来的很长时期内还都是可以实施积极财政政策的，但是有关积极财政政策的可持续性，还要看我国政府财政负债的具体发展趋势。

财政政策的实施给我国财政带来的风险主要有债务风险。随着财政赤字的增加，政府债务量也在增加。同时，对以往国债的利息偿付也会带来债务的增加。从目前我国的财政赤字解决方法来看，是通过发行国债来弥补，所以随着债务的增加，国债余额也会不断增加。尽管通过发行国债的方式来弥补，不会带来债务量的增加，但是会带来偿债利息的增加。随着偿债利息的增加，财政赤字也会不断扩大，财政赤字扩大了，又会带来国债发行额的增加，这就是一个死循环，能够产生"滚雪球效应"。通过财政赤字率、国债负担率以及国债偿债率等3个指标可以评价财政面临的债务风险大小，进而评价财政政策的可持续性。有关三个指标的详细介绍如下：

一是赤字率。在1998年以前，我国的财政赤字率水平一直都保持在1%以下。但自1998年开始，我国实施积极的财政政策以来，我国的财政赤字率急剧上升，并呈现出逐年上升的趋势。根据以往研究的经验数据可以看出，自改革开放的30多年以来，我国的财政赤字率总体是上升的，但从来没有超过3%。目前我国的财政赤字率已经接近3%的水平，与同期的其他国家相比，我国的赤字率仍处于较低的水平。

二是国债负担率。自改革开放以来，我国的国债负担率总体上呈现出波动上升的趋势。根据研究经验发现，在实施积极财政政策的年份，国债呈现出增长迅速的特征，相应的国债负担率也增长迅速，但自2007年以后，国债负担率出现了明显的下降。总体来看，我国的国债负担率即使是在最高的年份也远远低于按照赤字率2%计算的警戒线，所以从当前的经济增长率来看，我国的国债负担率水平仍然很低，国债的发行额还有很大的上升空间。

三是国债偿债率。根据以往研究发现，我国的国债偿债率波动较大，且很难看出明显的趋势变化，尽管如此，还是能够看出，我国的国债偿债率总体水平较高。我国的国债偿债率之所以波动幅度较大是国债发行期限不合理的体现，使得国债的还本付息分布不够平均，在某些年还本付息压力大，在某些年还本付息压力小。目前，我国的国债主要用于偿还旧债，从近年来我国国债偿债率的变动来看，我国已经注意到了国债发行期限的问题，并且这一状况也在不断地改善，国债给财政带来的风险会越来越小。

从上述三个指标的分析来看，我国的赤字率、国债负担率和国债偿债率，目前还都在可控的范围内，赤字率和国债负担率相对来说处于较低水平，国债的偿债率尽管水平较高，但仍然可控，且国债偿债率的不良状况正在得到改善。因此，就目前的分析情况来看，我国的财政政策是具有可持续性的，当然这种可持续性到底能维持多久，要看经济形势的发展，以及财政政策具体实施力度会给财政带来多大的债务负担。

第三节 我国财政政策效应的影响因素分析

在本章的第一节和第二节中，分析了影响财政政策效应的风险因素和时滞因素，在本节中，将根据上一章中有关 IS 曲线和 LM 曲线的斜率对财政政策效应的影响分析，对 IS 曲线和 LM 曲线中具体项的影响因素进行分析，通过分析可以更加明确我国财政政策效应的影响因素。

一、边际消费倾向的影响因素

边际消费倾向是指居民的消费意愿，根据西方经济学的消费者行为理论，可知边际消费倾向的影响主要有两个。一是预期变化对边际消费倾向的影响。我国正处于经济体制改革的初期，正在从计划经济向市场经济转变，由于制度的变迁，居民对现有的情况以及对未来的信息都了解得不够充分，并且制度变迁的过程充满了不确定性和时滞，这更加剧了居民对未来的不确定，所以居民为了应对未来的不确定性，就会倾向于增加储蓄，以抵消未来可能发生风险给生活带来的风险，此时，居民的边际消费较低，进而使得财政政策效果不够理想；二是收入分配制度不够完善。居民的消费水平除了取决于居民的消费意愿以外，还取决于居民的收入水平。根据以往的研究发现，我国居民的初次收入分配的占比非常低，就是表示居民的劳动报酬很少，这变相地解释了我国劳动力便宜的这一现象，对于再次分配，大多居民是无法享受到的，因此，随着经济的增长，居民的可支配收入事实上是在不断降低的，这也是导致我国居民的边际消费倾向较低的一个主要原因。

除了上述的影响因素外，事实上，还有一个影响居民消费倾向的重要因素就是社会福利保障是否健全，若国家的社会保障制度健全，居民没有后顾之忧，居民就不会愿意储蓄，更愿意消费，满足消费意愿。美国次贷危机之所以会引发，主要原因就是美国居民的过度消费，这是美国社会保障制度健全的一个变相体现。就中国目前的社会福利保障制度来看，对于居民来说，保障得不够，所以居民对未来的不确定缺乏信心，必然倾向减少消费，增加储蓄，这也是我国实施扩大内需的财政政策无法实现预期效果的主要原因之一。

二、投资利率弹性的影响因素

一般来说，投资对利率的反应程度大小，即投资的利率弹性大小，取决于投资的收益与成本的对比，即取决于利率与投资预期收益之比。当利率较高，甚至超过投资的预期收益时，投资的需求就会相应减少，投资的利率弹性相应较小；反之，若利率较低，投资的预期收益远远高于利率时，投资的利率弹性相对较高。投资能够对利率及时做出反应的前提是完善的金融市场体制。就我国目前的金融市场体系来看，我国的市场经济体系不够完善，金融机制也不够完善。例如国有企业和国有银行的经营活动不是完全的市场竞争化，那么在这种背景下，企业的融资对利率的反应程度较弱，即由于市场金融的传导机制不够健全，且国有企业和国有银行的行政气息较浓，完全不会考虑投资的成本问题，利率对投资的调节作用就会很弱。而其他的企业受到市场的限制，在其硬约束较多的情况下，利率的调节作用也不是很强。

因此，从我国的国情来看，我国企业的投资利率弹性总体不高，可以说是利率对投资的调节作用很小，这就使得我国在实施积极的财政政策时，将会产生非常小的挤出效应，财政政策效应更明显。

三、货币需求弹性的影响因素

自改革开放以来，我国对经济金融体制进行了巨大的变革，使得货币需求的决定机制发生了较大的变化。市场经济的发展，价格自由化进程以及利率制度的建立，都对我国的货币需求产生了重要影响，同时对货币需求的影响因素进行了改变。目前，由于制度变量不易量化，大多数学者采用经济货币化作为货币需求函数的主要量化指标，并用货币化进程对我国的经济金融体制对货币需求的影响进行分析。一是在分工越来越细，交易环节不断增多的情况下，我国的货币化程度和货币沉淀程度逐步提高；二是由于我国的金融体制改革相对滞后，相应的配套都不够完善，在此背景下，随着国民收入的增加，居民的货币持有量也在急剧增加，使得货币需求的收入弹性不断增加。而货币需求对利率的弹性则是与资本市场有着密切的关系，就目前我国资本市场的发展情况来看，我国的资本市场极其不完善，所以货币需求的利率弹性较小。

事实上除了上述三个因素可以对我国财政政策的效应造成影响，还有一个重要的财政政策效应的影响因素，那就是税率，由于我国的税率制度，以及我国目前所处的市场经济初级阶段，我国的税率是政府制定政策时直接决定的，若想变动非常不易，所以在分析的时候，没有考虑税率的影响因素。

从本章的分析中可以看出，财政政策效应的影响因素除了受到 IS-LM 模型中有关 IS 曲线和 LM 曲线的斜率中的项目对财政政策效应的影响外，还要受到财政政策在实施过程中带来的财政风险的影响，以及财政政策在制定过程中时滞的影响，而通过对 IS 曲线和 LM 曲线斜率中具体的项目进行分析后发现，财政政策效果还受到经济体制、金融体制、资本市场的发展，以及居民的消费预期和企业的投资欲望等的影响，因此，可以看出，财政政策效果受到的影响因素非常多，要想财政政策达到预想的效果，需要从多方面来考虑。

第五章　我国财政政策历史进程及其运行效果

● 1978~1997 年的财政政策
● 1998 年以来的财政政策
● 有特色的中国财政政策理论与实践效果

改革开放以来，我国逐渐从计划经济体制转向市场经济体制。伴随经济运行模式的改变，在此后的 30 多年里，我国的宏观经济运行状况不断发生变化，且表现出周期性波动特点。与此相对应，我国政府在干预社会经济方面，也从最初采用的"摸着石头过河"方式，逐渐学会积极运用财政政策、货币政策等手段对宏观经济实行必要的调控。鉴于不同时期社会经济变化的具体原因、具体表现不同，所以各个时期政府采取的财政政策，在其基本目标、时机选择、切入路径，以及工具安排等方面也都不尽相同。当然，政策实施效果也存在着差异。

本章[①]在前面文献整理和理论分析基础上，分阶段考察改革开放以来，我国政府在不同经济发展阶段所采取的财政政策特点。第一节重点分析 1978 至 1997 年之间我国政府的财政政策实践及其对社会经济的影响。第二节重点分析 1998 年至今的财政政策实践及其对社会经济的影响。根据对历史与现实的分析，在第三节，笔者将努力阐释有特色的中国的财政政策理论，深入总结有特色的中国财政政策的实施特点、绩效特征。

---

① 本章所使用的数据均来自《中国统计年鉴 2011》。

第一节 1978~1997 年的财政政策

本节按照时间顺序，将这一时期划分为四个阶段，依次分析各个阶段的国家经济运行情况，以及在不同经济背景下，各个阶段的财政政策特征。粗略来看，我国传统计划经济体制的改革阶段是从 1978~1991 年，"短缺经济时代"是这一时期我国社会经济明显具有的特征。由于这一时期供给不足导致物价不断上涨，因此，政府在这一时期进行宏观经济管理的主要任务是治理通胀，故采取的财政政策为紧缩性的，例如，1978~1983 年是"有针对性调整"的财政政策，1984~1986 年是"先松后紧"财政政策，以及 1987~1991 年的紧缩性财政政策是"治理整顿性"。1992 年以后，短缺经济时代在我国基本结束，结构性过剩，通货膨胀与通货紧缩交替出现的现象开始出现在社会经济运行中。因此，1993~1997 年间，我国财政政策的设计开始以促进经济增长，稳定宏观经济运行为基本目标，但是仍然具有"适度从紧"特点。

本节的论述将有助于说明，改革开放以来逐渐与经济运行模式改变相适应的我国财政政策形成的历史背景和主要特点。

一、1978～1981 年的财政政策

新中国成立以来，我国社会经济中的农轻重比例关系及积累与消费的比例关系长期存在着严重比例失调及扭曲问题。改革开放前后，中央政府开始全面推行"对内改革，对外开放"政策，以便尽快摆脱"文化大革命"给国民经济发展带来的严重的负面影响。但是，在改革经验不足和急于求成"心理"相互作用下，经济发展中出现"过热"态势。1978 年，我国当年 GDP 增长中的 11.7% 是由固定资产投资的迅速增长带动的，其中基本建设投资的增长率高达 37%。不久，严重的财政赤字、投资和消费需求的双膨胀、物件持续上涨及外贸逆差增加等问题伴随着经济过热现象而出现，这给我国经济的正常发展带来诸多困难。针对 1978 年我国的经济形势——经济过热现象及社会经济比例严重失调，在 1979 年 4 月，我国政府召开会议，提出利用 3 年时间根据"调整、改革、整顿和提高"这八字方针政策对我国经济进行调整的发展战略。这次战略调整的主要内容有：

第一，为了促进各级政府财政实现收支平衡，旧财政体制被"分灶吃饭"的新财政管理体制所替代。1980年起，全国都实行"划分收支、分级包干"的新财政管理体制，除北京、天津和上海这三个地区外。"统收统支"旧体制的诸多缺点被新体制逐渐消除，为力求地方政府各自收支平衡，地方政府开始按照"事权和财权统一""权利和责任统一"的原则合理地安排各自的财政收支。应该说，新体制在客观上有效调动了中央政府和地方政府增加财政收入的积极性，而实行结果也表明，在减少财政赤字和加强宏观调控方面，这种新财政管理体制起到一定的积极作用。

第二，为控制基建投资规模的增长，加强基建拨款管理，规范基建投资审批程序。财政部在1979年发布《关于加强基本建设财务拨款管理的通知》。该《通知》要求严格按照国家计划给政府基建投资供应资金，资金总量不能突破国家预算的指标范围；规范基建投资的审批程序，强化投资硬约束，逐步将无偿改为有偿使用；严格执行基建办事程序，杜绝边设计、边施工、边生产的做法；严格执行结算纪律，防止和制止拖欠贷款的行为。与此同时，对已引进和未完工的大部分非生产性项目工程，除保留必要的部分外，全部停建、缓建。国家预算内基本建设投资规模年增长速度被实行的这些措施控制在10%~25%之间，大起大落的现象得到避免。

第三，为控制消费需求，大力压缩事业单位和行政机关的各项开支。国家通过实行计划管理和限额控制等办法对预算内和预算外收入的增长速度以及社会集团的购买力进行控制。为防止扩大支出和年终突击花钱，1980年，国家通过实行"预算包干、结余留用、征收归己"的办法对事业单位和行政机关的支出进行限制，同时，通过开展财政纪律大检查，严肃财经纪律，控制奖金总额和超额津贴，百种滥发的奖金被查出，37.9亿元的问题资金被查出，这些措施在一定程度上控制了消费需求。

第四，为改变农产品和日用品供不应求的局面，大幅增加对农业、轻工业领域的投资，不断提高消费品供给能力。仅1979年，国家财政支农资金就达到174亿元。1980年，受提高农副产品价格和增加补贴的影响，支农资金略有下降，但也达到150亿元。同年，在加大轻工业基本建设投资政策的指导下，增加15亿元的资金用于轻纺工业挖潜改造和专项贷款。

消费品供应量与购买力之间的差距被供给方式的增加进一步缩小。

第五，为平衡商品供求，稳定市场，采取多种举措平抑物价。1979年，国家将粮油的统购价格提高20%的同时还将农副产品如油料、棉花等的收购价格也相应提高了，在此基础上将超购加价的幅度从原来的30%提高到50%。国家平价粮食供应在提高粮油统购价格后出现缺口时，国家将议价收购的粮食通过补贴的方式平价销售，因此，国家在1980年有高达108.01亿元的资金用于粮油价差、超购粮油加价和粮食企业亏损等方面的财政补贴支出。国家通过限价和补贴的方式有力地平衡了粮油商品供求，保证粮油市场的物价稳定。

第六，为平衡国际收支，调整进出口商品结构，扶持出口创汇企业。一方面，为减少国家对外贸的财政补贴，调整进出口商品结构，控制高亏商品或需要大量财政补贴的产品出口；另一方面，为鼓励扩大生产商品出口，国家通过税收等各方面的政策倾斜对出口创汇企业进行扶持。

这一阶段的经济特征是短缺经济，在此状态下的宏观调控目标是防止经济过热和通货膨胀，其基本性质是紧缩性的财政政策，主要是通过行政和计划手段对经济进行整顿，与凯恩斯提倡"政府在必要时采取主动干预市场经济"的论点不谋而合。尽管政策实施前期力度不足，中期又不得不"急刹车"，致使GDP增长率大幅波动，但通过紧缩性财政政策的宏观调控，财政收支平衡、物价稳定和信贷平衡的预期目标基本得到实现。

二、1982～1987年的财政政策

我国在继续深化财政体制改革的基础上，自1982年开始实行宽松的财政政策，国内生产总值的增长速度逐步回升。与上一年相比，我国国内生产总值增长速度的增幅在1982年被提高了3.9个百分点，达到9.1%，1983年达到10.9%，到1984年年底，我国国内生产总值增长速度达到这一周期经济增长的最高点17.5%，我国经济出现过热的迹象。同时，零售物价指数从1982年的1.9%一路上涨，在1985年达到8.8%的最高点。由于我国正处在财政体制改革的初期阶段，市场体系不完善，宏观调控体系不健全，致使经济过热的同时，宏观经济剧烈波动。

为扩大企业的自主权，国家通过理顺国家与企业的分配关系，充分调动企业的生产积极性，增加有效供给，缓和总供给与总需求不平衡的矛

盾，1983 年国家开始对企业实行利改税。利改税在调动企业积极性的同时也产生了明显的副作用。

一是利改税使财政负担加重，财政赤字不断增加。减税使财政让利过多，财政收入的增长速度远远低于经济增长的速度，财政收入占国民收入的比重由 1980 年的 29.4%不断下降到 1984 年的 26.6%。实行财政收支机制改革后，财政补贴日益增加，且财政收入降低的状况没有得到改善，使得财政赤字创下"六五"期间的最高纪录，如 1983 年财政补贴占当年财政支出总额的 41.8%，高达 540 亿元，财政赤字在 1984 年达 44.5 亿元。不断增加的财政负担，迫使向国有企业注入流动资金的财政行为被终止，向国家重点建设项目供应资金的行为也无法被保障。

二是利改税使资金分散，国民收入分配格局发生变化，致使消费和投资需求双膨胀。企业发放工资和分配奖金自主权的扩大，使居民收入增长速度过快，促使消费需求膨胀，如 1984 年 10 月中旬，改革开放以来的第一次抢购风潮在少数大城市出现。同时，在"对内搞活经济，对外实行开放"的政策方针指引下，流动性资金的提供限制被银行打破了，固定资产投资资金提供方式为大量发行货币，致使信贷规模日益膨胀，如 1984 年，我国固定资产投资规模大幅增加，同比增长高达 21.8%。改革开放以来，我国经济实现最快的增长，增长速度高达 15.3%，并带动了物价全面上涨。改革开放以来我国物价上涨的第二个高峰出现在 1985 年，RPI 与 CPI 涨幅分别高达 8.8%和 9.3%，从而加剧了总供给与总需求失衡的矛盾。

针对这一阶段中出现的消费和投资需求双膨胀问题，紧缩性微调政策被我国政府多次适时实施，但由于控制力度不够，实际财政支出增长率由 1982 年的 6%大幅上升至 1984 年的 174%，这直接导致消费和投资需求严重失控现象在 1984 年底出现，因此，我国不得不从 1985 年开始，再次实施全面紧缩性的财政政策，该政策要求中央及各地方政府严格控制和压缩财政支出，量入为出，并重新核定财政收支。尽管全面实施的紧缩性财政政策有效抑制了总需求膨胀，但经济增长速度的急剧下滑还是出现了，例如，我国固定资产投资在 1986 年增幅降至 16.7%，致使 GDP 增幅降至 8.8%，成为这一时期我国经济波动的波谷。

这一阶段我国经济的基本特征仍是短期经济，宏观调控的目标仍以解决短缺问题为主，其基本性质是先松后紧的财政政策，由于这一阶段我国经济与法律等间接手段匮乏，因此，主要是通过以行政手段为主的政策工具来进行宏观经济调节。此外，由于我国在宏观经济政策的运用上缺乏经验，且利用凯恩斯主义"相机抉择"思想为主的宏观经济政策来调节经济的方法尚属探索阶段，调整过于频繁，缺乏连续性和稳定性的政策的使用，致使宏观经济较大幅度波动，调控效果不理想。

三、1988～1992 年的财政政策

从 1988 年开始，我国社会总需求与总供给之间差额不断扩大，投资和消费需求高速增长，物价也大幅攀升，国民经济又出现过热的迹象，为解决企业流动资金短缺的问题，满足社会固定资产投资需求增长的需要，政府财政赤字不断扩大，而银行通过不断增发货币来弥补扩大财政赤字的方式，加剧了物价上升。我国政府针对明显出现的经济过热和通货膨胀现象，提出"整顿经济秩序、全面深化改革"的政策方针。这次政策调整的内容包括：

第一，为压缩固定资产投资规模，停建、缓建多项固定资产投资项目，同时，重点压缩预算外基建投资。一是引导预算外资金流向，利用国家预算调节基金限制预算外资金的规模；二是限制非生产性投资，如"楼、堂、所、馆"及住宅等的规模，支持生产性投资的增加，如厂房、车间等，提高有效供给。

第二，严格控制消费需求，稳定物价，以阻止消费基金继续膨胀。一是严格控制社会集团消费，原有的 19 种专项控制商品扩大到 32 种，同时为减少流通环节的人为加价因素，对部分耐用高档商品，如冰箱、彩电等采用专卖的办法；二是严格控制私人消费，为降低当期购买力大力吸收存款的同时，限制奖金等工资外收入的增长速度，如国家把滥发奖金、实物作为 1989 年财务大检查中的一项重要内容，并实行首长责任制的考核制度，此外，稳定粮食和主要副食品的价格以保证居民生活，国家财政对某些产品除继续保留定额补贴外，还适时调整增加补贴额。

第三，大力压缩各项财政支出。一是对经营不善、长期亏损的国有企业的财政补贴停止发放，削减财政投资支出的同时，对落后的小企业整顿和关停并转；二是对行政管理费支出进行大力压缩，行政管理费占财政支出的比重由 1989 年的 42.2% 降至 1990 年的 7.3%；三是通过推迟

所有单位持有 1981~1984 年发行的国库券的还本付息方式，以减少流通中的货币数量。

第四，实行税制改革和税利分流试点。一是实行税制改革，将自筹基建投资建筑税改为差别税率，对高档消费品如轿车、彩电等征收特别消费税，对非生产性建设、计划外建设和非重点建设实行高税率；二是实行税利分流试点，国家以所得税形式对企业利润进行征收，税后利润除部分上交外，其余留用，同时，以往的税前利润归还形式的固定资产投资贷款改为税后利润和折旧资金及其他企业自主财力归还的形式。

这一阶段是实行现代意义上财政政策的尝试阶段，我国开始运用经济、法律等间接手段对市场进行间接调控，原有单一的行政性办法被改变，主要实行的是紧缩财政和紧缩信贷的"双紧"政策。但是，由于比较缺乏利用宏观调控政策进行宏观调控的经验，稳定性与连续性问题未在政策实施过程中被考虑，物价水平虽然迅速回落，但经济增长速度也急速下降，改革开放进程受到一定影响。

四、1993~1997 年的财政政策

在邓小平同志发表南方谈话和中共十四大精神的鼓舞下，我国从 1992 年开始解放思想，排除干扰，全面推进经济体制改革，自此，新一轮经济建设高潮拉开序幕，促进经济加速发展。1992 年，我国 GDP 增长率高达16.9%，预示着新一轮经济过热现象即将出现；1993 年，我国经济运行的各项指标继续攀升，例如 GDP 增长率仍然保持在 13.5 的高位、商品零售价格同比上涨 13.2%、居民消费价格同比上升 14.7%、全社会固定资产投资同比增长 61.8%等；1994 年，我国 GDP 增长率为 12.6%，商品零售价格同比上涨 21.7%，同时，由于我国基础设施和基础产业的"瓶颈"作用，加速物价水平的上升，使经济形势更为严峻，出现了改革开放以来的最严重的通货膨胀。

我国政府通过抑制通货膨胀来保持我国经济平稳快速发展，并提出加强宏观调控的 16 条措施，严格控制财政支出规模，减少财政赤字，适时推行适度从紧的财政政策，具体措施如下：

第一，改革财政体制，实行分税制，以调整中央与地方政府之间的财政分配关系。一是对中央和地方政府的收入根据财权事权相统一的准则进

行合理划分，并对中央财政给予地方税收返还规定统一比例；二是对各级政府的财政支出范围根据中央和地方政府的事权划分予以规定；三是对原体制下中央补助、地方上缴及结算事项进行妥善处理。分税制的实行，不但使中央和地方政府的分配关系规范化，还提高了国家的宏观调控能力。

　　第二，为使政府与企业之间的分配关系规范化，实行税利分流。自1992 年开始，全国有 4000 多家企业参加了税利分流试点，同时，为使政府和企业的关系规范化，我国在 1993 年颁布实施了《企业财务通则》及《企业会计准则》。一是税利分流的实施，不仅使政府与企业间的利润分配关系被理顺了，而且统一了激励与约束机制；二是税利分流的实施，使国家政府与企业利益共享、风险共担，降低了企业风险，企业经营管理的积极性被提高了；三是税利分流的实施，可使国家组织财政收入的渠道有两种——税收和利润。随着财政收入增加，企业收入的提高，从而国家调节经济运行的宏观调控能力提高了。

　　第三，为保证财政收入增长与经济增长同步，进行大规模税制改革的同时，加强财税管理，挖掘增收潜力。一是流转税制度的改革，新流转税制度以增值税为主体，并将增值税的基本税率分为 13% 和 17% 两档，而按销售额的 6% 对小规模纳税人进行征税。同时，按照从价税和从量税这两种征收办法，扩大消费税的征收范围，也对营业税进行了调整；二是企业所得税制度的改革，对各种形式的企业实行统一的所得税，例如联营企业、集体企业、国有企业及私营企业等，国有企业不再执行承包上缴所得税。同时，对国家预算调节基金、上缴国家能源交通重点建设基金和所得税前归还贷款等规定予以取消；三是个人所得税的改革，新增五项采取分项征收的个人应纳税所得。国家、企业和个人间的分配关系被这次税制改革调整了，同时，强化了税收征管，保障了财政收入。

　　针对这一阶段的投资过热现象，我国全面强化税收征管，实施适度从紧的财政政策，控制财政支出总量，调整财政支出结构，在有效抑制投资膨胀的基础上，促进经济结构的调整和优化。实践证明，这一阶段的通货膨胀被实施的适度从紧的财政政策有效地抑制了，经济过热的趋势得到控制，保持经济高速增长，"高增长、低通胀"的良好局面从而形成了，国民经济成功实现"软着陆"。截至 1996 年年底，我国国民经济运行的各项指标的涨幅都有所回落，例如，全国商品零售价格指数的涨幅为 6.1%，居民消费价格指数的涨幅为 8.3%①。同时，我国 GDP 的增长率为 9.6%①。与前几次财政政策相比，这一阶段的财政政策表现为注重经济和法律等手段的运用；财政不再向中央银行透支；政策方式更加灵活、适度；政策实施注重稳定性和连续性，且雷厉风行。

第二节　1998 年以来的财政政策

一、1998~2003 年的财政政策

我国对外贸易在 1997 年亚洲金融危机的冲击下受到严重影响，外资流入减少，出口增速大幅下降，进而使得买方市场在我国出现，此时，我国经济发展的主要障碍为内需不足和通货紧缩日益严重。同时，亚洲金融危机对我国的经济结构问题，例如区域经济发展不协调、高新技术产品不足与低水平的产品过剩、城乡结构不合理和产业结构不合理等，产生了放大效应。我国全社会商品零售物价指数在 1998 年，出现了改革开放以来的首次负增长，同比下降 2.1%。在保持人民币汇率稳定和货币政策效应降低的情况下，面对国内外经济的严峻形势，我国政府为扩大需求，从 1998年开始，全面实施积极财政政策。这次积极财政政策的具体措施包括：

第一，为增加基础设施的投资额，增发国债。自 1998 年起，我国政府先后向国有独资银行和国有商业银行发行了 2700 亿元的特别国债和 1000 亿元国债，国债资金主要用于交通通信、城乡电网改造、农林水利、城市基础设施和国家直属储备粮库建设等基础设施方面的建设。截至 2004年，我国共发行了长期建设国债 9100 元。

第二，为减轻企业的负担和吸引外资，扩大出口，和为促进国内投资，增加居民消费，调整税收政策。一是在加大"免、抵、退"税收管理办法执行力度的同时，对一般贸易出口实行贴息，而分批对纺织原料、钢材、轻工产品、制品、纺织机械、部分机电、船舶、水泥和煤炭等的出口退税率进行提高；二是降低进口设备的关税，国家鼓励发展在规定范围内

---

① 刘国光. 中国经济走向——宏观经济运行与微观经济改革 [M]. 南京：江苏人民出版社，1998.108~110.

的外商投资项目和国内投资项目，对其进口关税和增值税实行免征；三是减免调节固定资产投资方向的税。对符合国家产业政策技术改造项目购置的国产设备投资的企业所得税，按 40%的比例抵免，同时，减免与房地产相关的固定资产的一定的税种，例如土地增值税、契税和营业税等；四是恢复征收居民存款利息个人所得税。

第三，为稳定我国宏观经济运行环境，增加社会保障、科教等重点领域的支出。一是自 1998 年起，我国连续 5 年教育经费占中央财政支出的比例都比上年提高 1 个百分点；二是为保障国有企业下岗职工的基本生活和再就业工程的顺利实施，中央安排 144 亿元的财政支出，作为补助资金和借款；三是为扩大养老保险的覆盖面，中央财政增加 20 亿元转移支付资金，用于加快省级统筹养老保险制度的改革。上述政策的出台和实施，对我国宏观经济运行环境的改善起到了重要作用。

第四，为提高城市居民个人消费能力，充分发挥调节收入分配的作用。一是实施年终奖制度，并不断提高机关事业单位职工的工资标准，使得我国机关事业单位职工的月均工资在 1999 年至 2002 年间翻了一番；二是中央财政加快社会保障体系的建设，大幅增加对"两个确保"和城市"低保"的投入。上述收入分配的调整和实施，提高了城市居民的消费能力。

第五，为解决我国经济运行中的矛盾与问题，调整经济结构。一是支持国有企业关闭破产，我国政府仅在 2002 年就安置国有企业下岗职工 38 万人，中央财政拨付关闭破产国有企业的补助资金 129.58 亿元；二是对重点行业和企业实行所得税返还政策，例如，对石油、汽车、电信、冶金、民航、石化、有色和电力等行业实行重组改革。同时，为缓解我国经济运行中的矛盾与问题，推动重点行业和企业的技术改造，利用部分国债作为财政贴息资金。

第六，为减轻企业负担，降低企业资产负债率，实行"债转股"的同时，加大对乱收费的治理力度。一是建立现代企业制度，为降低企业资产负债率，增强企业活力，将银行的债权转为股权；二是对涉及企业的政府性基金收费进行清理，仅 1998 年就帮助企业减轻 370 多亿元的负担。

针对这一阶段，我国的宏观调控以财政政策为主，且实施的是扩张性财政政策。从实施效果来看，我国的扩张性财政政策在改善宏观经济运行，遏制通货紧缩，抵御亚洲金融危机的冲击和影响等方面取得了显著成效，其主要表现在投资和消费等社会需求的全面回升，出口增幅的回升，经济结构调整的优化以及经济持续快速增长等方面。

二、2004～2007 年的财政政策

我国经济的新一轮增长周期开始于 2003 年下半年，这一阶段出现了与上一阶段不同的新情况和新问题，主要表现为通货紧缩的阴影逐渐消散，经济呈现加速增长的态势，供求总量大体平衡替代需求不足，但局部投资增长过快、通货膨胀压力加大及某些领域，例如，农业、能源交通、社会事业、生态环境保护等发展相对缓慢等结构性问题仍较为突出。为此，我国政府决定自 2004 年起实施以"调整结构、增收节支、控制赤字、推进改革"为核心内容的稳健财政政策。这一阶段的稳健性财政政策的具体措施包括：

第一，为缓解局部经济过热，国债投资规模调减调向，国债项目资金的拨付进度放慢。一是国债投资规模调减调向，与上年相比，2004 年的国债发行规模调减 300 亿元，社会投资和民间投资被引导到农村、生态建设、社会事业、环境保护、东北地区等老工业基地、西部开发等方向；二是降低基本建设支出，与上年同期相比，2004 年的前 4 个月及 5 月，全国基本建设支出降幅为 11% 和 15.4%；三是中央决定放慢国债项目资金的拨付进度，以遏制固定资产投资的过快增长，与上年同期相比，2004 年上半年，我国国债资金拨付额仅占全国国债专项资金指标的 15.64%，减少了 308.23 亿元，仅为 246.34 亿元。经济局部过热的现象被实施的上述举措缓解了。

第二，在适度控制总量的目标下，对经济结构进行调整。一是加大对就业、社会保障和教科文卫等的财政支出力度，例如，与上年同期相比，我国社会保障补助支出在 2004 年上半年增长了 11.5%，科技支出增长 37.8%，抚恤和社会福利救济费增长了 19%，教育支出增长 16.9%；二是加大对农业生产支持力度，减免农业税，对农民购置粮种和大型农机具实行直接补贴。据统计，对农民购置粮种的补贴资金在全国 28 个省份高达 16 多亿元，其中，对 13 个粮食主产省区的农民购置粮种的中央财政补贴就高达 12.4 亿元。

第三，为充分发挥税收调节经济的作用，深化税制改革。一是个人和

企业所得税的调整。将个人所得税的工薪所得费用扣除额提高，并扩大纳税人自行申报范围。例如，自2006年起，先由每月800元调至每月1600元，随后又调到每月2000元。同时，将内外资企业的所得税制度进行统一。二是改革农业税。全国在2004年降低农业税税率，并取消除烟叶以外的农业特产税。全国有28个省（区、市）到2005年底全部免征了农业税，且取消了牧业税。全国在2006年取消农业税和农业特产税，这对农民负担的减轻和收入的增加起了重要作用。三是调整资源税和消费税。提高11个省份的煤炭资源税税额标准，扩大消费税的征收范围。四是调整房地产税。完善住房公积金的管理政策，在对土地收支管理进行规范的基础上，对新增建设用地的有偿使用费政策和征收标准予以调整，同时将个人购房转手交易的免征营业税期限延长至5年。五是改革增值税。东北地区自2004年起进行改革试点，将生产型增值税转型为消费型增值税的，将企业增值税税额中用于企业新购机器设备所含的增值税进行税额扣除。六是改革出口退税机制，对部分资源性产品的进口关税予以降低，对部分不鼓励出口的原材料等产品加征出口关税，对高能耗、高污染和资源性产品的出口退税予以取消或降低。

这一阶段我国实施的是稳健性财政政策，从实施效果来看，我国呈现出"增长速度较快、经济效益较好、群众受惠较多"的良好经济运行格局。本轮财政政策的特点体现在充分发挥税收政策的调节作用，充分利用财政政策推动产业结构调整及经济发展方式转变，充分发挥财政政策在促进区域协调发展中的作用三个方面。

三、2008年至今的财政政策

自20世纪的大萧条以来，由2007年美国次贷危机所引发的最严重的金融危机，逐渐向全球其他国家扩散，其蔓延的特点是从虚拟经济向实体经济，从发达国家向新兴经济体和发展中国家。在改革开放以来，这是我国所遭受的最严重的外部经济冲击。

针对国际金融危机爆发后我国经济下行风险逐步加大的形势，2008年10月后，党中央明确做出由稳健财政政策向扩张性财政政策转型的重大决定。我国政府决定在2008~2010年间，实施两年总额为4万亿元的投资计划，其中，1.18万亿元用于中央政府公共投资的增加，其投资方向除基本设施建设外,将偏向民生、民生、"三农"、促进经济发展方式转变以及地震灾区灾后恢复重建等方面。结合扩大内需、统筹发展和深化改革等目标,我国政府在扩大公共投资的同时,优化政府公共投资结构、注重培育新的经济增长点,推动经济结构优化和调整。这次实施的积极财政政策的具体措施包括:

第一,为促进企业扩大投资、增强居民消费能力,全面改革和优化税收制度。实行结构性减税;提高个人所得税中工资所得减除费用标准;全面实施增值税转型改革;调整小规模纳税人的划分标准和增值税税率;继续实施促进再就业的税收优惠政策;车辆购置税、个人购房契税等税收激励政策;调低或取消"两高一资"产品出口退税率;实施成品油税费改革;提高矿产品的增值税税率;取消和停征100项行政事业性收费。

第二,为应对国际金融危机,缓解出口企业压力,稳定外需增长,2008年8月份以来,连续7次上调部分产品的出口退税率,我国综合平均退税率为14.6%,接近于亚洲金融危机时期的水平。同时,灵活审慎地运用进出口关税政策,以暂定税率的形式加大了对进出口的主动调控,实施了一系列促进外贸出口的关税调控措施,推动境外经贸合作区的建设,减少国际贸易摩擦,转移产能,实现原产地多元化,加强与所在国的经济贸易关系。

第三,为增强居民消费能力,扩大消费对经济增长的拉动效应,进一步完善国民收入分配格局,国民收入分配中居民收入的比重和劳动报酬在初次分配中的比重被提高了。一是增加中低收入者收入,进一步增加对农民的补贴,支持较大幅度提高粮食最低收购价,实施义务教育教师绩效工资,研究推行事业单位绩效工资改革;二是加大投入社会保障的力度,企业退休人员的基本养老金,城乡低保补助和优抚对象等人员的抚恤和生活补助标准被提高了。社会保障体系建设面从城镇扩展到农村,从企业职工扩展到各类居民。2009年,城镇居民基本医疗保险制度基本覆盖全国。启动新型农村社会养老保险试点;三是实施家电下乡等补贴政策。2009年2月1日起,在全国范围内全面启动家电下乡。为强化政策力度,家电下乡补贴产品品种不断扩大。据统计,与上年同期相比,全国城市消费品零售额在2009年5月增长了15%,农村消费增长速度已超过城市,县及县以下零售额增长了15.6%。

第四，为促进民生改善，对关系民生的领域加大投入，例如，社会保障、"三农"、住房、就业、教育和医疗卫生等，并适当倾斜中西部地区。为实现"病有所医、学有所教、住有所居、劳有所得、老有所养"的目标，我国政府加大对文化、医疗卫生、社会保障和就业、教育和保障性安居工程和等方面的投入，为充分发挥财政调控职能，根据公共服务与社会事业发展规律的不同特点，探索有效的财政保障方式，同时，促使相关监督机制的建立健全。

第五，针对我国当前面临的亟待升级的产业结构和产能在部分行业过剩等问题，我国政府采取以升级产业结构和调整经济结构为主的产业政策。一是为促进企业加大自主创新，完善有利于自主创新能力的财税政策。二是推进节能减排。为提高企业节约能源资源和保护生态环境的意识，建立资源集约、节约利用的长效机制。三是推动产业调整和振兴。2009年1月，国务院通过十大重点产业的调整振兴计划。

这一阶段我国实施的是扩张性财政政策，从实施效果来看，随着逐步落实的扩张性财政政策措施，经济增长明显下滑态势被我国政府有效地遏止了，国际金融危机的冲击被抵挡住了，实现经济回暖，圆满完成"保八"的任务。此次扩张性财政政策的实施的特点体现为将若干财政政策工具组合起来使用，例如，预算、贴息、税收、转移支付、减费、增支、国债、投资等，财政政策执行力度有针对性地加大，例如，我国财政赤字在2009年为9500亿元，其中，用于各项税费减免上的有5500亿元，企业和居民的负担在一定程度上被减轻了，消费得到增加，保住了经济的高速增长。

第三节　有特色的中国财政政策理论与实践效果

一、中国特色的财政政策理论

随着不断深化的中国特色社会主义市场经济体制改革，我国的财政改革也在逐步深化，以社会主义市场经济理论为基础的我国财政政策理论在不断更新、完善，也经历了一个逐步深化的过程，并形成了具有中国特色的财政政策理论，我国财政政策理论的形成大致可以分为两个阶段：一是

1978~1992年，这一阶段是我国财政政策理论与实践的初探阶段，主要是引进和学习国外财政政策理论与实践经验，并努力实现本土化；二是1993年至今，这一阶段是我国财政政策理论与实践的初步形成阶段，我国政府根据国外财政政策理论与实践经验，及我国的宏观经济目标，结合我国国情，提出一系列符合我国实际的理论观点和操作性强的政策。

（一）以财政"放权让利"为突破口，实现财政政策措施的本土化

1978~1992年，这一时期是我国经济体制改革的转轨时期，这一阶段，我国政府的主要任务就是借鉴和学习国外财政政策理论和实践经验。

我国中央政府在党的十一届三中全会上指出，经济管理权力过于集中问题得以解决的必经之路就是改革，应理顺中央政府与地方政府和政府与企业的分配关系，将经济管理权限更多地赋予地方政府和企业，不断调整生产关系和上层建筑之间的关系，达到促进生产力发展的目标。为将财政政策与党和国家在这一时期的总任务和总路线相结合，适应我国经济体制改革的需要，我国政府采取了以"放权让利"为标志的财政体制改革，一是调整中央与地方政府之间的分配关系，实行"分灶吃饭"，根据中央和地方政府事权的合理划分，明确中央和地方政府的财政支出范围，使我国财政体制的分级能够与市场取向相匹配；二是调整政府与企业之间的分配关系，采取减税让利的方式，改变以往根据企业大小、行政级别和经济性质等不同形式进行纳税的束缚，使企业依法纳税；三是为适应对外开放的需要，调整政府收入机制，建立复合税制，其特点是以流转税和所得税为主体，多税种、多环节和多层次为辅。

（二）以分税制财政体制改革为契机，建立中国特色的公共财政框架

发展才是硬道理，改革开放的进程要加快及发展社会主义市场经济等一系列重要思想是邓小平同志在1992年初发表的南方谈话中提出的。1992年10月，建立社会主义市场经济体制被党的十四大提出，并作为今后工作的主要目标，《中共中央关于建立社会主义市场经济体制若干问题的决定》在十四届三中全会上通过了。根据我国实际，该《决定》对建立社会主义市场经济体制提出了具体要求：政府与企业以及中央与地方之间的关系需进一步理顺，建立包括财政分配制度在内的，促进社会公平的分配制度。因此，要想建立社会主义市场经济体制，就需要解决如何推进分税制财政体制、如何进行税制改革和建立公共财政体系等

重大理论问题。

针对 20 世纪 80 年代，我国政府结合我国国情，在借鉴国际经验的基础上，实行的"分灶吃饭"和包干制等措施中存在的弊病，在合理规范中央与地方政府之间关系的基础上，提出了实行分税制财政体制改革，为明确地方政府事权和调整收入体系，通过建立科学规范的政府间转移支付制度，完善税制结构，实现地方政府事权与财力相匹配。同时，为应对日益膨胀的预算外资金和管理混乱等问题，对预算内外财力实行统管；针对 20世纪 80 至 90 年代的"费改税"问题，基于积极稳妥的原则，根据社会主义市场经济的特点和为民理财的职责，在对各项现行收费进行清理整顿的基础上，对税收、行政事业性收费和债务收入的合理组合方式及通盘管理框架予以确定，并根据不同资金的性质和特点，分流归位，各行其道。上述措施的实施，对分配关系的理顺、政府资金分配与运作的规范、合理和资金使用效益的提高，起到了积极作用。

20 世纪 90 年代，根据我国财政形态的转变和财政体制的改革方向与发展模式的需要，同时，为适应我国社会主义市场经济发展要求的财政运行形态，我国政府提出建立公共财政体系，该体系以满足社会公共需要为基本目标，对市场不能有效提供的公共产品与公共服务予以提供，并对公共产品的供给体制实行民主化和法治化管理，保证公共产品普惠作用的发挥；使传统体制下给予城市、国有经济和生产建设等方面以政策倾斜的财政分配体系，向能够统筹城乡、兼顾国有与非国有经济并能突出公共性的现代财政分配体系转变，建立透明度显著提高、严密合理的复式预算体系。到目前为止，我国以提高公共服务，扩大公益事业和保障公众切身利益为目标，促进社会公平、经济和社会和谐发展的公共财政体系基本框架已经建立。

（三）以构建和谐社会为重点，完善中国特色的财政政策理论

为使财政职能作用在社会主义市场经济条件下得以完善，充分发挥其宏观调控的作用，以构建社会主义和谐社会为导向，继续解放思想、拓宽视野，我国政府就重大现实问题，例如，财政支出结构优化、财政宏观调控政策选择、财政管理体制改革、公共财政体系建设等进行了一系列改革。

一是为促进财政支出中有关社会保障、教科文卫、环境保护、"三

农"等重大支出项目的结构优化，根据持之有据和兼顾多方利益的准则，提出平衡财政收支政策，并不断提高各级财政中社会性和公共性支出的比重；二是在财政政策宏观调控方面，我国政府出台了一些紧密结合我国国情的理论观点和操作性强的财政政策，促进我国财政宏观调控方式由直接转向间接、由单一转向多种、由被动转向主动；三是我国政府根据我国经济体制改革和财政政策转型的需要，在财政管理方面进行了多项改革，包括国库集中收付、国债制度、部门预算、非税收入管理和政府采购等，同时，初步建立现代预算管理制度，我国财政资金分配运行机制的配套也相对完善；四是为充分发挥市场在配置资源过程中的基础性作用，提高经济效率和活力，要明确政府和市场的各自职责，政府须担负起在市场失灵或不能有效提供公共产品和服务时应尽的责任，提出符合我国国情的财政职能理论，该理论以提高资源配置效率、完善收入分配制度和稳定经济为目标。

总体来看，改革开放以来，我国在不断推进财政体制改革的进程中，财政理论得到不断深化和拓展，已初步形成了包含财政宏观调控、政府收入、财政管理体制和政府支出等在内的相对完整的中国特色财政政策理论体系，该体系以社会主义市场经济理论为基础，充分反映我国改革轨迹，覆盖公共产品供求基本关系，顺应广大公众意志。

二、中国财政政策的实践效果

改革开放 30 多年以来，我国经济经历了 7 个阶段的发展，在不同的发展阶段，我国政府采取了不同的财政政策，这些相机抉择财政政策的运作都起到了一定的甚至很大的效果，但是，副作用也显而易见，从而使得我国 GDP 的增长表现为周期性波动特征，本节对我国的实际 GDP[1]及其增长率进行的分解将利用 H-P 滤波法（Hodrick–Prescott Filter），并分析其趋势和波动周期。

（一）中国实际 GDP 的趋势和波动分析

由图 5.1 可以看出，中国的实际 GDP 数据包含明显的时间趋势，即中

---

①本书中的实际 GDP 是指名义 GDP 除以居民消费价格指数，本书中的居民消费价格指数是以 1978 年为基期。

国实际 GDP 总量呈现出明显的随时间递增特征（具体数据见表 5.1）。具有时间趋势特征的变量一般为非平稳变量①，此时，对是否存在周期性波动的分析无法直接进行。因此，为分析其中国实际 GDP 波动的周期性，本书将实际 GDP 的趋势成分和波动成分分解出来。

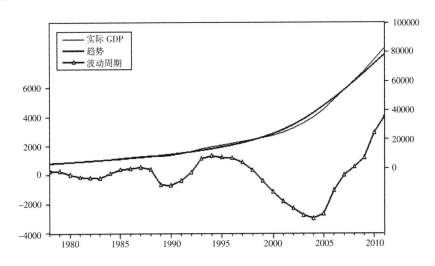

图 5.1　中国实际 GDP 的趋势和波动图

表 5.1　中国的实际 GDP 值（单位：亿元）

年份	1978	1979	1980	1981	1982	1983	1984	1985	1986
实际 GDP	3605.60	4016.29	4194.43	4464.17	4886.36	5326.65	6140.70	6923.49	7527.58
年份	1987	1988	1989	1990	1991	1992	1993	1994	1995
实际 GDP	8195.86	8650.14	8247.40	8940.76	10088.2	11577.2	13525.5	14813.4	15927.7
年份	1996	1997	1998	1999	2000	2001	2002	2003	2004
实际 GDP	17251.7	18478.9	19738.1	21083.9	22753.2	24949.2	27791.4	31145.4	35278.7
年份	2005	2006	2007	2008	2009	2010	2011		
实际 GDP	40395.9	47284.9	54002.6	60450.9	67200.6	75138.7	82477.7		

资料来源：根据《中国统计年鉴 2012》和《中国发展报告 2012》中的数据计算而得。

①张晓峒.计量经济分析[M].北京:经济科学出版社,2000.108~126.

091

1.实际GDP的趋势和波动分解

本书对实际GDP（RGDP）利用Eviews7.0应用H-P滤波法①进行滤波分解，首先将趋势成分T（RGDP）从RGDP中分解出来，然后剔除趋势成分，得到RGDP的波动成分C（RGDP）=RGDP-T（RGDP），见图5.1和表5.2、表5.3。

表5.2　中国实际GDP的趋势成分

年份	1978	1979	1980	1981	1982	1983	1984	1985	1986
T(RGDP)	3316.4	3743.2	4172.8	4610.9	5063.4	5534.7	6027.2	6541.6	7079.5
年份	1987	1988	1989	1990	1991	1992	1993	1994	1995
T(RGDP)	7646.4	8252.2	8912.4	9646.4	10467	11379.9	12387.1	13492.5	14711.2
年份	1996	1997	1998	1999	2000	2001	2002	2003	2004
T(RGDP)	16072	17615.4	19393.8	21468.5	23903.8	26760.5	30087.9	33916.9	38255.7
年份	2005	2006	2007	2008	2009	2010	2011		
T(RGDP)	43084.6	48354.4	53988.7	59900.5	66003.1	72215.2	78467.3		

资料来源：由Eviews软件计算而得。

表5.3　中国实际GDP的波动周期成分

年份	1978	1979	1980	1981	1982	1983	1984	1985	1986
C(RGDP)	289.2	273.1	21.6	−146.8	−177.1	−208.0	113.5	381.9	448.1
年份	1987	1988	1989	1990	1991	1992	1993	1994	1995
C(RGDP)	549.5	398.0	−665.0	−705.6	−378.8	197.2	1138.4	1320.9	1216.4
年份	1996	1997	1998	1999	2000	2001	2002	2003	2004
C(RGDP)	1179.4	863.6	344.2	−384.5	−1150.6	−1811.3	−2296.5	−2771.5	−2977.0
年份	2005	2006	2007	2008	2009	2010	2011		
C(RGDP)	−2688.6	−1069.5	13.9	550.5	1197.5	2923.5	4010.3		

资料来源：由Eviews软件计算而得。

①高铁梅.计量经济分析方法与建模——Eviews应用及案例[M].清华大学出版社,2006.41.

2.实际 GDP 的波动周期分析

由图 5.1 可以看出，实际 GDP 围绕潜在 GDP 进行波动，实际 GDP 的波动具有一定的周期性。按照经济周期理论，我国经济发展所经历的阶段可以分为三个周期，其中，整周期有两个。第一个周期是 1978~1987 年，其中，1978~1983 年是紧缩期，1984~1987 年是扩张期；第二个周期是1988~1994 年，其中，1988~1990 年是紧缩期，1991~1994 年是扩张期；第三个周期是 1995~2011 年，这个周期正在进行中。其中，1995~2004 年是紧缩期，2005~2011 年是扩张期。

（1）1978~1983 年经济紧缩的原因。我国对经济体制改革在这一时期进行了初步探索，同时发展、恢复和整顿国民经济。从 1979 年开始，国民经济经历了 1979~1981 年的调整时期，在这一时期国民经济结构比例失调问题明显，为此中央做出"边调整边前进，在调整中改革，在调整中整顿，在调整中发展"的指导方针，使得这一时期的经济增长放缓；1982~1983 年是我国经济的再调整时期，从 1983 年开始，我国的经济体制改革进入深入调整阶段，国民经济也进入积极发展的阶段，为促进国民经济中的科技教育能充分发挥作用，我国政府努力改善财政经济状况，争取获得根本性好转。这一时期，为实现提高我国国民经济的整体效益，我国开始调整整顿工业地区结构，并将投资结构、企业组织结构、产品结构和技术结构等的调整作为重点，在上述改革和调整政策的推动下，我国国民经济实现稳定增长，并为"七五"期间的发展奠定了更好的基础。

（2）1984~1987 年经济扩张的原因。我国的经济调整经过上一期的经济转型的准备阶段，已基本达到预期目标，世界范围内的新技术革命给我国经济发展带来巨大压力，迫使我国通过进一步扩大改革开放的形式，为成功实现经济转型提供物质基础，来加速经济发展。因此，1984 年 10 月的十二届三中全会后，中国加快了改革的步伐，自此，中国的经济进入加速增长时期。1985 年经济高速增长以至出现经济过热。针对 1985 年我国经济发展过热的实际情况，"七五"计划决定把发展过程分为两个阶段：一是利用前两年时间，通过控制社会总需求，放缓经济增长、控制基建投资规模和消费基金增长，在实现财政、信贷、物资和外汇各自平衡的基础上，努力实现社会总需求和总供给的平衡及综合平衡；二是在 1986~1987年间，综合运用行政和经济手段，控制需求的过度增长和增加有效供给，

093

从而实现对宏观的有效调控，实现经济"软着陆"，因此，这两年的经济增长速度被放缓了。

（3）1988~1990年经济紧缩的原因。由于我国价格改革受挫，1988年2~5月，我国物价指数分别高达11.2%、11.6%、12.6%和14.7%。在物价持续高位运行情况下，生产资料成为双轨价格体制的非法牟利工具，这加剧了经济形势的严峻性，至此，我国国民经济在1988年出现了严重的通货膨胀，这给我国国民经济的高速增长予以沉重打击，因此，在1988年9月，我国政府开始对国民经济进行整顿治理，虽然这次整顿治理在1989年经历了政治风波的影响，但是，到1989年的第三季度，我国国民经济的运行状况有所好转，尽管如此，我国经济总量的紧缩态势没有得到根本性改变，社会总供需差仍高达8%。

（4）1991~1994年经济扩张的原因。通过上一阶段的整顿治理，我国经济的通货膨胀问题已经得到基本解决，因此，20世纪90年代初，还是有许多促进我国经济发展的有利条件，例如，在城市及沿海发达地区的农村已经初步实现小康、居民消费倾向明显提高和在大量金融存款作为基础的情况下，投资资金的来源充足，至此，我国经济开始进入积累型和重化工型的快速增长时期。邓小平同志在1992年发表的南方谈话和十四大的召开，对我国社会主义市场经济体制改革的方向予以确定后，我国经济出现快速发展的态势，步入经济高速发展的轨道。统计显示，与上一年度相比，1992年，我国GDP实现26923.5亿元，同比增长14.2%；到1993年，我国GDP达到35333.9万亿元，增量就达到8410亿元。自1992年开始，我国经济发展出现过热趋势，到1993年上半年，我国宏观经济运行的许多矛盾明显突出，已经出现通货膨胀的迹象。为此，我国政府采用一系列宏观经济政策来抑制经济过热、预防通货膨胀，努力实现国民经济的"软着陆"。

（5）1995~2004年经济紧缩的原因。由于上一阶段的紧缩性宏观经济政策一直持续到1996年，并成功实现经济的"软着陆"，所以，1995~1996年间我国经济增长速度仍保持在较高的水平上，但是进入1997年以后，由于受到国内供给过剩和国外亚洲金融危机的双重冲击，使得我国投资和消费需求增长乏力，外贸出口受挫，再加上1998年，我国发生的特大洪涝灾害对农业基础和工业经济产生的巨大影响，这使得我国经济在

1999 年呈现通货紧缩的经济格局。尽管我国政府为了能够有效地防止通货紧缩，遏制经济迅速下滑，在 1998~2002 年间，采取了扩张性财政政策和稳健性货币政策，但是，2003 年，突如其来的"非典"疫情使中国经济再次受到较大的冲击。

（6）2005~2011 年经济扩张的原因。经过 6 年之久的宏观经济调控，中国经济终于开始了新一轮的扩张过程。从 2004 年起实施以"增收节支、调整结构、控制赤字、推进改革"为核心内容的稳健财政政策。2006 年在全国范围内取消农业税，同时取消了农业特产税，减轻农民负担和增加其收入，扩大内需。受 2007 年美国次贷危机所引发的大规模金融危机的影响，2008 年 10 月后，党中央明确做出由稳健性财政政策向扩张性财政政策转型的重大决定。2008 年以来，中国政府及时将"双控"政策调整为"一保一控"并确定在 2010 年底完成总额为 4 万亿元的两年投资计划。

（二）中国 GDP 增长率的趋势和波动分析

GDP 增长率是宏观经济分析中的一项重要指标，其作为增量指标能够较为敏感地反映宏观经济走势。从图 5.2 中可以看出，中国的 GDP 增长率呈现周期性波动（具体数据见表 5.4）。虽然这与 GDP 总量的时间递增趋势不同，但是仍可用 H-P 滤波法将 GDP 增长率分解出趋势成分和波动成分。

表 5.4 中国 GDP 增长率 （单位：%）

年份	1979	1980	1981	1982	1983	1984	1985	1986	1987
G	13.5	12.2	9.1	11.6	11.2	18.4	23.3	15.8	16.8
年份	1988	1989	1990	1991	1992	1993	1994	1995	1996
G	25.3	12.5	11.8	16.7	22.1	34.0	36.0	25.9	17.3
年份	1997	1998	1999	2000	2001	2002	2003	2004	2005
G	10.1	6.0	5.3	8.4	10.4	10.5	13.4	17.7	16.6
年份	2006	2007	2008	2009	2010	2011			
G	18.8	19.7	18.5	10.4	15.5	15.7			

资料来源：根据《中国统计年鉴 2012》中的数据计算而得。

图5.2 中国 GDP 增长率

1.GDP 增长率的趋势和波动分解

根据 H–P 滤波法对表 5.4 中的 GDP 增长率进行处理，得到趋势成分 T（G），见图 5.3 和表 5.5。从图 5.3 中可以看出，中国 GDP 增长率随时间变化的趋势呈现周期性，但是波动幅度很小，这表明 GDP 增长率的走势主要是由波动成分主导的。剔除趋势成分后，得到波动成分 C（G）=G–T（G），见图 5.3 和表 5.6。

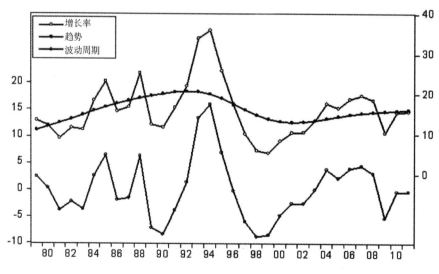

图 5.3 中国实际 GDP 增长率的趋势和波动图

表 5.5　中国 GDP 增长率的趋势成分 （单位：%）

年份	1979	1980	1981	1982	1983	1984	1985	1986	1987
T(G)	11.1	12.0	12.9	13.9	14.9	15.9	16.8	17.7	18.4
年份	1988	1989	1990	1991	1992	1993	1994	1995	1996
T(G)	19.1	19.6	20.1	20.5	20.7	20.6	20.0	19.0	17.6
年份	1997	1998	1999	2000	2001	2002	2003	2004	2005
T(G)	16.1	14.8	13.8	13.2	13.0	13.1	13.5	13.9	14.5
年份	2006	2007	2008	2009	2010	2011			
T(G)	14.9	15.2	15.6	15.7	15.9	16.1			

资料来源：由 Eviews 软件计算而得。

由图 5.3 可以看出，改革开放这 30 多年以来，中国的 GDP 增长率呈周期性波动，GDP 增长率的波动围绕着潜在 GDP 增长率这个中心进行。按照谷–谷的原则划分经济周期，这 30 多年来，中国的经济波动经历了六个周期，其中，整周期有四个。第一个周期是 1979~1981 年；第二个周期是 1982~1987 年；第三个周期是 1988~1990 年；第四个周期是 1991~1997 年；第五个周期是 1998~2008 年；第六个周期是 2009~2011 年。

表 5.6　中国 GDP 增长率的波动成分 （单位：%）

年份	1979	1980	1981	1982	1983	1984	1985	1986	1987
C(G)	2.4	0.25	−3.8	−2.3	−3.7	2.6	6.4	−1.9	−1.6
年份	1988	1989	1990	1991	1992	1993	1994	1995	1996
C(G)	6.3	−7.1	−8.4	−3.8	1.3	13.4	15.9	6.9	−0.28
年份	1997	1998	1999	2000	2001	2002	2003	2004	2005
C(G)	−6.1	−8.9	−8.5	−4.9	−2.6	−2.6	−0.05	3.7	2.1
年份	2006	2007	2008	2009	2010	2011			
C(G)	3.9	4.4	3.0	−5.4	−0.43	−0.41			

资料来源：由 Eviews 软件计算而得。

2.GDP增长率的波动分析

由图5.3可以看出,GDP增长率的波动以1998年为分界点,前后呈现出的经济周期波动状态是截然不同的,具体特征体现为,1998年以前,经济波动幅度逐渐增大,每个独立的经济周期均呈现出陡升陡降的情况,还具有非对称性,且波动较为剧烈,经济周期发生的频数较多;1998年以后,经济波动幅度较小,每个独立的经济周期均呈现缓升缓降的情况,且波动较为平缓,经济周期发生的频数较少。

1979~1998年是我国经济体制的转型时期。在这一阶段,我国启动了经济体制改革和市场化进程,开始了从传统、封闭、高度集中的计划经济向市场经济体制的转型,因此,这一阶段,我国经济的鲜明特点就是"转型"。1978年,我国虽然启动了市场化改革的进程,但是,由于经济运行自身的延续性,以至于我国改革开放后的第一个经济周期内,我国经济具有较为明显的计划经济特点,因此,1979~1981年为经济转型准备阶段;1982年开始,我国市场才开始按照其自身的发展规律而运行着,我国经济才真正开始步入市场经济的运行模式,因此,1982~1987年的经济转型为起步阶段;由于我国经济转型受挫,因此,1988~1991年是我国经济转型的局部逆转阶段;自邓小平在1992年发表南方谈话后,我国对市场经济体制的改革方向予以明确,因此,1992~1998年是社会主义市场经济体制初步建立时期,在这一时期的前四年,我国政府经过坚持不懈的努力,我国宏观调控的成效显著,截至1997年,我国的市场经济体制改革向预定目标迈进了一大步,但是由于亚洲金融危机的影响,在1998年,我国的经济增长速度降到了改革开放以来的最低点。

1998年至今是我国市场经济体制的逐步完善阶段。为抵御亚洲金融危机的影响,能够有效地防止通货膨胀,遏制经济下滑,扩张性财政政策和稳健性货币政策在1998~2002年被我国政府实施了,这使得我国的经济体制转轨、经济结构转换以及经济的平稳快速增长得到实现,因此,自2000年开始,我国的经济呈现出一路走高的态势,虽然在2005年时,我国经济出现了小幅度的降低后又继续走高;由于受到国际金融危机的影响,我国经济受到国外宏观环境"过山车"般的巨大波动,在2008年里,我国的国际大宗商品价格波动剧烈,同时我国的生产者和消费者的预期受到重创,使中国经济的实际投资增长跌落到10年平均增速水平之下,因此,我国政府也采取了一系列宏观调整政策，先是由"双防"到"一保一控"，最后到"保增长、扩内需、调结构"的宏观调控政策，但是，由于国际金融危机的不断扩散蔓延，全球经济陷入深度衰退，我国沿海外向型企业经营困难，甚至停产倒闭，致使我国农民工大量失业，外贸经济受到严重冲击，出口大幅下降，我国经济增长速度急剧下滑，因此，21 世纪以来，我国经济在 2009 年陷入最为困难的境况；在我国政府持续进行宏观经济调控的努力下，我国经济状况自 2010 年开始回暖，增长速度稳定回升。

从初步建立到逐步完善社会主义市场经济体制的过程中，我国经济在全球经济一体化的浪潮中逐步占有越来越重要的地位，其所占的比重也在不断加大，我国经济与世界经济的联系也越来越紧密，世界经济对我国经济的影响日益深化，我国经济对世界经济的影响和促进作用也日益显著，例如，我国经济周期与世界经济周期的协动性日益增强，截至 2010 年 5 月份，全球已经有近 150 个国家承认并给予中国市场经济地位。[①]同时，由于我国政府在宏观调控上的经验日益丰富，政策完善程度日益提高，调控手段日益成熟，因此，对于由美国所引起的全球金融危机，我国经济不但有效应对，而且率先在世界各大经济体中实现复苏，从而体现出，我国经济发展日趋稳定，我国经济系统的抗冲击和干扰能力也日渐增强。

总体来看，随着中国特色财政政策的实施，中国经济实现了高速的增长，人民生活水平得到了很大的提高，特别是在应对 1998 年和 2008 年这两次金融危机时，我国政府果断采取中国特色的扩张性财政政策，有效遏制了经济的下滑，这在相当程度上证实了凯恩斯主义财政政策在中国的实践效果和我国政府利用现代财政政策干预宏观经济的合理性。然而，随着市场经济改革的深化，有效需求不足，物价不稳，就业变动，实现充分就业目标困难等问题伴随着经济周期的频繁变化相继出现，尽管这种现象出现的原因可以从凯恩斯主义的经济周期理论中找到答案，但是，中国特色财政政策的实施不总是如凯恩斯主义所设想的那样产生凯恩斯效应。在不同的经济情况下，需对财政政策的效果进行具体分析，不宜一概而论，这恰好充分说明我国财政政策效应的"非线性"特征，即有时具有凯恩斯效应，有时具有非凯恩斯效应。

---

①巩胜利.中国"市场经济地位"能迅速得到吗？[N].中华工商时报,2010-6-2(007).

第六章 我国财政政策宏观调控实践效果分析

● 我国财政宏观调控实践分析
● 财政政策有效性实践理论评价
● 提高我国财政宏观调控有效性的建议

自 1978 改革开放以来，财政政策正式走上我国历史舞台，财政政策在宏观调控方面是否有效，一直是经济学家们争论的重点。在整个财政政策实施的历史进程中，财政政策在宏观调控方面，经历了计划控制阶段、盲目干预阶段、过渡阶段和精准控制阶段，这都体现了我国财政政策宏观调控的政策效果在不断提高，同时，财政政策的宏观调控在经济增长、物价稳定和自动稳定经济周期方面都产生了一定的政策效果。同时，也在一定程度上反映出，我国的财政政策宏观调控还是存在一些问题，以往盲目追求经济增长，不考虑经济结构，环境问题以及供给问题的需求管理模式已经无法继续维系我国经济的高速可持续稳定增长，因此，在当前经济形势良好的情况下，要注重经济结构的调整、加强供给管理等。

为了能够更加明确地分析出我国财政政策的有效性，本章从宏观调控角度，分析我国财政宏观调控的实践发展阶段，并以此为基础，对我国财政政策在经济增长、物价稳定和经济周期稳定方面的有效性进行分析，同时，从政府财政政策角度提出提高国家宏观调控的政策建议。

第一节　我国财政宏观调控实践分析

随着我国财政体制改革的不断深化，政府财政政策宏观调控效果不断增强，按照我国财政政策宏观调控的实践来看，我国财政宏观调控发展阶段大致可以分为以下几个阶段。

一、财政计划控制阶段

对于宏观调控来说，计划经济时期是不存在的，但是为了凸显我国政府干预实施财政政策宏观调控的特点，故将计划经济时期的政府干预也位列在此。

计划经济时期主要是指 1978 年以前的这一阶段，此时的财政宏观调控的特点是，政府的行政指令性手段占主导地位，即此时的财政宏观调控主要是政府统一发布行政指令。计划经济时期的政府财政宏观调控是通过自上而下的计划经济体系来实现对国民经济运转的调控的，整个经济管理体系采取的是高度集中的计划管理方式，几乎所有的关系国计民生的产品都被列入计划范围之中，从而实现对国民经济的发展规划。在该时期，不管是企业还是农业以及银行，政府都采取计划管理，所有的企业生产的产品，农业生产的农产品，银行的资金管理，都是采取财政部门统收统支、计划供应的方式，此种管理方式高度集中统一。该阶段的财政宏观调控的主要方式就是计划控制。

二、财政盲目干预阶段

自 1978 年开始，我国开始实施改革开放，我国的经济也从计划经济开始了向商品经济过渡的重要阶段。但 1992 年以前，计划经济对于我国经济来说，仍处于主导地位，所以这一阶段仍属计划经济时期，由于国情不同，政府采取的宏观调控方式也与 1978 年前的计划经济时期不同，所以将此时的宏观调控阶段定义为政府财政盲目干预阶段。

此阶段的财政宏观调控具有盲目性，调控使得经济大起大落。针对 1979 年前后的经济过热现象，政府采取了力度较大的全面紧缩政策，使得经济增长率呈现大幅度下降的趋势，形成经济的大起大落。这一现象在 20

世纪 90 年代前后尤为明显。自 1984 年开始，由于货币发行量过大，信贷增长过快导致经济过热，政府采取紧缩性的财政政策和货币政策，尽管经济过热势头有所缓解，但是经济结构失衡问题，以及物价持续上涨问题仍在继续，面对这一经济问题政策效果不够理想的情况下，政府尝试采取"软着陆"的宏观调控方式，以期达到改善经济状况的目的，但由于政策贯彻力度不够，"软着陆"的宏观调控政策宣告失败，进一步激化了总供给与总需求之间的矛盾，使得经济增长率大幅提高，物价大幅上涨，经济出现全面过热状况，为应对这一紧急情况，政府决定采取强制性的行政手段，同时实行较大力度的全面紧缩，导致经济过冷局面来临。

与此同时，在这一阶段，财政体制也进行了一系列的改革，如 1979 年的放权减税让利，1983 年的利改税，这些改革使得政府财政宏观调控能力不断增强，宏观调控的手段开始多样化，尽管如此，该阶段的宏观调控仍以政府的行政强制手段为主，属于盲目干预阶段。

三、财政干预过渡阶段

财政干预过渡阶段是指该阶段的宏观调控从盲目干预阶段向理性干预阶段的过渡。该阶段是自 1993 年开始，1997 年结束。自 1992 年开始，真正意义上的市场经济宏观调控登上我国历史舞台，此时，我国经济出现社会总需求高度膨胀，超过社会总供给的现象，经济进入全面过热状态，随之而来的是经济失控，严重的通货膨胀来临。在汲取了以往宏观调控中的经验教训，政府这次采取了雷厉风行的行政手段治理当前的通货膨胀，同时推进了财政体制的改革，以期达到控制社会总需求平衡社会总供求的目的。在该阶段初期，政府仍是采取了较多的行政手段进行宏观调控，但后期，政府开始使用紧缩的财政政策手段进行经济宏观调控，经过从采取较多的行政手段向紧缩的财政政策手段过渡的过程中，成功实现了经济的软着陆，使得 GDP 增速下降到 10% 以下，居民消费指数也成功下降至 1 位数。

随着 1994 年分税制改革的出现，财政的宏观调控能力得到了迅速加强，这一现状的改变，直接使得我国政府的宏观调控手段从单纯的行政手段向真正意义上的市场经济财政政策手段过渡。与此同时，具有中国特色的政府财政宏观调控体系也在逐步形成，宏观调控目标明确，手段也多种多样，调控方式也在逐步健全，所以该阶段的调控理性干预占据了主导地位，也存在行政盲目干预手段，所以该时期被称为财政干预过渡阶段。

四、财政精准调控阶段

财政精准调控阶段是指从 1998 年开始的这一阶段，此阶段财政宏观调控主要表现为能够根据经济状况及时调整财政调控政策，并配以合适的行政手段。自 1998 年亚洲金融危机开始，我国出现了改革开放以来的第一次通货紧缩，此时，我国经济表现出来的是经济增长速度放缓，物价有所下降，为应对此次危机给我国带来的不利影响，我国政府开始实施扩张性的财政政策进行宏观调控，并以行政手段为辅，此项政策措施一直实施持续至 2002 年，也成功地使我国经济的增长速度提高了 2 个百分点，相较于 1998 年，居民消费指数有所上升，这一举措的成功实施使得我国经济进入新一轮的上升周期。

2003 年下半年，经济局部过热现象逐步呈现，为防止出现大起大落的经济现状，我国政府从实际出发，采取有保有压的调控政策，根据不同的情况，采取果断有力、适时适度的宏观调整。2004 年初，宏观调控的力度再次加大，对盲目扩张的经济过热现象进行了有效控制，自此我国经济进入了一个高增长、低通胀的时期。之后的一段时期内，我国经济一直在经济适度增长区间的高位上运行，这说明尽管政府采取了行之有效的宏观调控手段，但是不排除我国经济仍然存在通胀压力，经济结构存在问题，这些潜在的风险必然影响着政府财政宏观调控的政策效果。为应对我国经济在 2006 年出现的局部过热现象，政府宏观调控采取微调模式，有效防止了经济过热现象的进一步恶化。2008 年，受美国次贷危机的影响，我国经济出现下滑趋势，通货紧缩风险来临，此时，我国经济出现了一系列问题，例如，企业大量倒闭，出口下降，工人失业，大学生就业难等。面对此种情况，我国政府采取了扩张性的财政政策，4 万亿元政府投资投入市场，及时遏制了经济下滑的势头，为我国政府的"保八"经济目标的实现奠定了基础。由此可见，在这一时期我国政府宏观调控具有较高的精确性，能够很好地把握住政策调控的方向、力度、节奏，同时能够实现多种宏观调控手段的协调使用，不盲目地进行行政手段干预，能够做到理性分析经济形势，采取理智的宏观调控手段。

从上述我国财政宏观调控实践分析来看，我国政府的宏观调控经历了从盲目依靠行政手段进行干预的宏观调控方式，到以财政政策等经济手段

103

为主、行政手段辅助的宏观调控方式成功过渡。在这一过渡过程中，尽管也有不恰当的调控使得经济大起大落，但更多的是，在经验教训中，我国政府的财政宏观调控有效性在不断地提高，我国财政宏观调控体系逐步完善，具体体现在不论是调控手段、力度还是时机的把握都趋于成熟，调控的效率和政策效果也在不断提高。

第二节　财政政策有效性实践理论评价

从政府调节经济的手段来看，政府运用的宏观调控政策主要有财政政策和货币政策。鉴于本书研究的重点是财政政策，所以本书主要研究的政府宏观调控的经济手段是财政政策。在我国经济发展的历程中，财政政策在其中扮演了非常重要的角色，并在控制经济过热，抑制通货紧缩实现经济软着陆等宏观调控方面发挥了举足轻重的作用。财政政策的主要调控手段是控制政府支出，故本书研究财政政策调控手段的重点是政府支出，本节将通过实践数据分析从理论上分析我国财政政策宏观调控的有效性。事实上，由于经济增长和物价稳定一直是我国财政政策宏观调控追求的目标，因此本节将通过对财政政策在实现经济增长和物价稳定方面的有效性进行具体分析。

一、在实现经济增长方面

在经济研究中，衡量宏观经济是否均衡的重要指标是国内生产总值缺口，若实际国内生产总值与潜在国内生产总值之间存在偏差，就会存在经济波动，若二者的偏离程度较大，则经济波动幅度就大，反之则波动较小。当实际国内生产总值高于潜在国内生产总值时，经济处于衰退阶段，经济紧缩；当实际国内生产总值低于潜在国内生产总值时，经济处于扩展阶段，经济过热。政府实施宏观调控的目标是实现二者的平衡。

根据我国 1978 年至 2011 年的国内生产总值缺口数据和赤字比例数据[①]可以看出，我国财政政策基本完成了经济增长方面的目标，实现了经济的

---

①国内生产总值的数据来源于《中国统计年鉴 2012》和《中国发展报告 2012》。为方便计算，本部分的国内生产总值的数据采用年度数据，同时，对我国的国内生产总值缺口采用的是 HP 滤波法进行的估计，所以参数 λ 取值 100；本部分的赤字采用的是实际赤字。

稳步增长。由此可以看出，我国财政政策无论是在宏观调控效率还是在宏观调控效果上都得到了显著的提高。1978 年以前，我国政府宏观调控经济的主要手段是行政手段，由于政府行政手段调控力度不适当以及频繁变化，使得这一时期的经济出现了一定程度上的大起大落，并且这种现象在 1978 年以后的一段时期内一直存在，并持续到 1992 年前后。这一状况可以很明显地从上一节的我国财政宏观调控实践分析中呈现出来。这一时期的财政政策无论是从政策的制定还是执行的力度方面都在逐步走向成熟，但由于政府在宏观调控方面的经验欠缺，财政政策在执行过程中的效果没有达到理想状态，同时对于财政政策的宏观调控效果评价处于盲目阶段，缺乏客观评价，致使在对财政政策的调控把握方面出现偏差。而在 1996 年之后，随着学术水平的提高，对财政政策的评价也较为客观了，这使得财政政策的宏观调控力度能够做好提前量，对经济状况做出正确的判断，采取适当的财政措施，使得经济能够达到预想的状态，实现经济的顺利发展，稳步增长。然而，随着亚洲金融危机的出现，我国经济也进入了衰退期，为应对这次危机政府当机立断采取了扩张性财政政策，且扩张力度随着时间的推移不断增强，总体上遏制了经济下滑的趋势，使得我国经济平稳地度过危险期，并呈现出了经济上升的趋势，国内生产总值的增长速度也上升了 2 个百分点，使得我国经济顺利地进入了新一轮的上升周期，国内生产总值缺口不断缩小，并于 2003 年前后我国经济到达均衡，向着经济过热的方向发展，为防止经济出现扩张膨胀状态，政府又实施了紧缩性财政政策，基本实现经济稳步增长的目标。

在肯定政府财政宏观调控实现经济目标方面取得成绩的同时，也要注意在预测经济走势方面，政府的能力有待提高，只有准确预测了经济的发展状况，才能采取更为准确的财政政策，宏观调控效果才能更好。例如，2007 年美国次贷危机爆发后，我国政府采取了紧缩性财政政策，结果使得我国经济出现大幅下滑，在次贷危机演变成全球性金融危机的同时，给我国经济带来了不小的冲击。令人感到欣慰的是，我国政府能够快速地认清经济形势，果断改变政策方向，实施扩张性政策，并且在政策力度以及节奏上都采取了精准的把握，协调多种宏观调控手段，完成经济目标，顺利渡过金融危机。

从上述研究中显示，我国财政政策采取的是反周期的相机抉择的财政政策，即在经济出现过热时，采取紧缩性的财政政策，而在经济出现衰退时，采取扩张的财政政策。从我国经济的整体运行状况来看，我国的财政政策在实现经济稳步增长方面总体是有效的，并且随着时间的推移，政府对经济形势的把握更为精准，财政政策的效果得到大幅改进。

二、在稳定物价方面

政府实施宏观调控的主要目标除了要实现经济的稳步增长以外，还要考虑如何稳定物价，物价的稳定不但能够保证经济处于高速的增长状态，同时能够实现社会和谐稳定。一般情况下，政府都有一个目标的通货膨胀率。在这个通货膨胀率下，经济能够实现快速稳步的增长，同时又不会给社会带来负面影响，政府也不会有通货膨胀压力，该通货膨胀率称之为实现物价稳定的通货膨胀率。根据大多数学者的研究，稳定物价的通货膨胀率一般定义为3%。

根据实际通货膨胀率[①]与稳定物价的通货膨胀率的对比可看出，在1996年之前，我国的通货膨胀率一直处于高位运行状态，且波动幅度较大。在这之后，物价的波动受到了政府的高度重视，为改善物价的高位运行，政府主动采取物价调控措施，使得我国的物价水平在这一时期处于低位运行，且较为稳定，基本实现低位稳定物价的目标。由此可以看出，我国政府的物价调控措施还是行之有效的。

通过政府的赤字与通货膨胀缺口之间的对比可以看出，政府在对物价进行稳定方面的效果微乎其微，所以事实上，物价的稳定主要功劳是政府，但不是财政政策，这是因为在赤字较大时，财政处于大幅扩张的状态，但物价却处于较低水平，而在财政赤字较低时，即财政扩张幅度小时，物价却出现高位运行，按照政府财政政策扩张应该提高物价，紧缩财政政策会降低物价的理论分析，显然现实是不符合这一理论分析的，所以财政政策在进行宏观调控时，其主要的作用还是在如何实现经济稳定可持续增长方面，而对物价稳定方面的功劳较小。

---

①数据来源于《世界银行世界发展指数数据库》。

三、在自动稳定经济周期方面

由上述分析可以看出，在政府不采取任何宏观调控措施的情况下，财政政策在经济繁荣时能够自动抑制通货膨胀，而在经济衰退时能够自动遏制萧条，这类政策通常包括政府支出、政府税收等，同时这些政策又被称为内在稳定器，也有些人称为财政政策自动稳定器，这种现象之所以会发生是因为，经济系统本身具有抗干扰的特性，在发生经济波动时，经济系统本身能够自我调节以抚平经济波动。

财政政策自动稳定器如何发挥其作用？现将财政政策自动稳定器的作用机理描述如下：首先，政府支出中的转移支付功能是具有自动稳定器功能的，其主要包括失业救济和其他福利支出。该政策的作用机理是当经济下滑、失业增加、出现经济衰退时，能够领取失业救济金的人数就上升了，相应的政府转移支付中的救济金支出就会增加，这在一定程度上抑制了居民消费能力的下降，减缓经济衰退的步伐；反之，当经济高涨、经济繁荣时，失业人数就会相应减少，领取失业救济金的人数也会减少，居民的可支配收入和消费能力的上升空间有所压缩，经济繁荣的步伐减缓。其次，政府的税收政策也具有自动稳定器功能，即当经济出现繁荣时，失业人数减少，人们的收入相对增加，按照累进税制，收入增加时，那么税收也会相应地增加，在一定程度上减缓了居民可支配收入的上升幅度，这对遏制经济的进一步高涨起到一定的作用；当经济出现衰退时，同样是在累进税制下，由于经济衰退，居民的收入减少，税收也会相应地减少，从而抑制衰退的进一步恶化。在这里需要指出的是，累进税制之所以能够起到自动稳定器的作用，是因为当经济繁荣时，收入上升至高税率档次，税收增加要比收入增加得多；而当经济衰退时，收入下降至低税率档次，税收减少比收入减少得多，由于这一特性的存在，随着经济波动的变化，税收能够自动调节经济，抚平经济波动，具有内在稳定器功能。

此外，由于我国的税收结构是以增值税和营业税等间接税为主，其所占整体税收结构的比重高达60%，而所得税所占的比重仅有20%，其中的个人所得税仅仅只占10%，事实上，税收的自动稳定器功能是靠个人所得税来发挥作用的，因为不管是经济繁荣还是经济衰退时，税收的自动稳定器功能都是通过调整居民的收入来实现的，当个人所得税所占的比重过低时，税收的自动调节经济的功能就得不到很好的发挥，其自动稳定器功能就会被弱化，在此情况下，税收对于我国经济的自动稳定功能将非常小。

从上述的分析来看，我国的财政政策目前只有在经济增长方面基本完成了既定目标，而在稳定物价和自动稳定经济方面的作用较小，因此，目前对于我国财政政策有效性的评价基本都集中在对经济增长的稳定促进方面，因此，本书根据现实分析来看，也将对经济增长的作用作为评价财政政策有效性的主要指标。事实上，对于财政政策在促进经济增长方面的作用的评价，在 1996 年之前，没有将财政政策的非线性和非对称性考虑在其中，仅仅是考虑财政政策对经济增长是否有用，具体的作用路径没有一个明确的把握，因此在此之前对财政政策有效性的评价，有失偏颇，不够客观。在本书后续将通过实证的方式对财政政策的非线性效应予以考证，以期能够更全面地了解财政政策的效应，对其有效性能够做出真实客观的评价。

第三节　提高我国财政宏观调控有效性的建议

从上述分析中可以看出，自改革开放以来，我国财政宏观调控体系正在逐步建立，并不断完善，宏观调控经验不断丰富，能力不断增强，取得的政策效果也在不断提高，这在一定程度上为我国经济的快速而平稳的增长起到促进作用。在取得了可喜的成绩以后，同时还存在一些不足，针对上述分析，本节给出提高我国财政宏观调控有效性的政策建议。

一、调整经济结构

尽管经济增长、充分就业、物价稳定和国际收支平衡这四个目标被公认为是宏观调控的主要目标，但是由于不能保证这四个目标总是一致的，所以对于具体哪个目标应该成为主导目标，就成了经济学家们讨论的重点。根据我国的国情和经济发展阶段的需要，可以确定我国宏观调控的主要目标是稳定经济增长和物价稳定，这就决定了我国宏观调控的重点是这两个目标，与此相矛盾的其他目标可以适当有所牺牲，这也同样决定了我国宏观调控的手段。当经济过热时，采取紧缩财政政策；当经济衰退时，采取扩张性财政政策。例如，2008 年，受全球金融危机的影响，为保经济增长率，政府毅然将经济增长作为首要目标，采取了扩张性财政政策，政府投资 4 万亿元刺激经济，使得我国经济增长率得到保证的同时，恢复了民众对我国经济发展的信心，经济出现回暖的迹象，尽管取得了可喜的成绩，但是由于我国经济增长的基础不够稳定，经济增长率波动区间不大，这是由于持续的政府保证做前提的结果，面对这一状况，我国宏观调控实现稳定经济增长之路任重而道远。

　　从当前我国经济发展情况来看，我国目前经济存在的问题并非是总量上的问题，而是结构问题，如何调整经济结构已成为我国当前经济发展的主要任务。目前，我国经济结构的不合理已经影响到了经济的可持续发展，因此，经济结构的调整问题亟待解决，由于经济结构的调整不是朝夕就能完成的，所以，调整经济结构的任务相当繁重而艰巨。尽管我国经济总量的增长取得了相当可观的成绩，但是在调整经济结构方面并没有取得好的绩效。拉动我国经济的消费、投资和出口就出现了失衡，在实行财政政策宏观调控的过程中，扩张性的财政政策并没有使得消费增加，反而使得出口和投资大幅度增长，结果出现了内外需的失衡和消费与投资的失衡，按照西方经济学的理论可知，只有国际收支平衡和投资等于消费的时候，这个国家的经济才能达到均衡状态，而我国恰恰出现了这两者的失衡，尽管经济总量很可观，但是相当不稳定，受外界影响较大。当前，我国经济总量的主要拉动力量是出口和投资，这两个因素是相当不稳定，受外界不可控因素影响较大，很容易出现经济波动。从近几年我国经济增长的数据来看，我国经济对出口和投资的依赖程度越来越高，受最近一次全球金融危机的影响，我国出口受到了巨大的冲击，个人投资热情也大幅度被削减，为保证经济增长率，我国政府投放 4 万亿元投资，虽然对经济增长具有拉动作用，但是这些投资是政府主导，并没有提高居民的购买力，造成了经济结构的失衡。而且这种投资只能是短期内拉动经济，促进经济增长，一旦这波热度下去后，经济必然出现萎缩，同时居民的自主投资没有拉动起来，经济就会出现通货紧缩。所以，从长远角度考虑，要积极出台政策，调整投资结构，最大限度地调动居民的自主投资积极性。此外，随着我国经济的不断发展，我国社会的贫富和城乡矛盾不断被激化，经济发展的稳定社会环境受到影响，主要依靠投资和出口的经济增长模式很难再走下去，只有解决了当前经济增长的结构矛盾，改变现有模式为靠居民消费拉动经济的增长模式，才能走出我国经济增长的困境，使得经济走上可持续发展的稳步增长道路。

根据上述分析可以看出，我国政府宏观调控的目标应该从当前的保经济增长率的目标转向经济结构调整，经济发展方式可持续方向。当前，我国经济增长速度仍维持在较高的水平上，物价也相对较稳定，我国政府应该抓住这一契机，及时调整政策，扩大内需。分析此次金融危机给我国带来的影响，此次我国经济下滑主要是由于我国的投资过快，内需不足引起的，凸显了我国经济结构的矛盾，通过此次危机这一导火索，使得我国充分认识到经济结构的调整已经刻不容缓，所以，我国当前的主要宏观目标是在维持经济稳步增长和物价相对稳定的前提下，积极调整经济结构。在扩大内需的前提下，有些学者担心会出现物价的大幅度上升，产生通货膨胀，但笔者认为，只要宏观调整的力度适当，完全可以在保证经济增长扩大内需的同时，将对物价的影响降到最低，当然，财政宏观调控对经济结构的调整是在一定的经济增长率作为保障前提的条件下进行，所以财政宏观政策的调整没办法为了保证物价稳定而大幅降低，但是可以在保证经济增长和扩大内需的过程中，积极利用财政支出和信贷工具等宏观调控手段的协调配合引导经济结构的调整。经济结构的调整应由投资和出口占主导地位的模式向消费为主，投资和出口为辅，同时拉动经济的模式转变，由粗放型的依靠物资资源消耗的经济增长模式，向依靠科技进步、创新、人力资源等精细型经济增长模式转变。财政支出政策的结构优化也势在必行，以往的财政支出偏重于大项目、发达地区，这使得我国的地区发展出现不平衡状况，现应调整财政支出方向，向关系国计民生的产业偏移，如农业、科研领域等，将高能耗、高污染的行业逐步升级转化，实现产业结构升级，挖掘农村的消费潜力，刺激农民的消费需求，以此转变经济发展方向，调整经济结构，提高经济增长的质量，保证经济长期健康的可持续发展。

二、加强供给管理

迄今为止，我国财政宏观调控采取的需求管理方式，也就是说政策的出台是针对社会总需求来说的。面对 2009 年的全球性金融危机，我国经济出现下滑，凸显了我国的经济结构矛盾，这次我国经济出现下滑的主要原因是我国经济结构的不合理，造成我国经济受外部影响严重，为稳定经济增长，接下来我国财政宏观调控的重点将是经济结构调整，即加强供给管理，改变以往主要靠需求拉动经济的不健康模式。需求管理型的宏观调控，一旦受到经济危机的冲击，在供给无法提高的情况下，必然会给经济带来严重不利的影响。很明显的一个例子是 20 世纪 70 年代日本出现的滞胀，此次滞胀的出现就是需求扩大政策与经济结构矛盾共同作用的结果，当时的日本政府只是关注了扩大内需，忽视了经济结构的矛盾。因此，从长远计，需求和供给管理必须同步调整，相互配合，才能实现国民经济的可持续快速健康发展。

政府加强供给管理的意义在于能够解决经济结构矛盾，稳定物价，缩小收入差距，减轻流动过剩压力。目前，我国经济结构存在的矛盾是产业结构的失衡，这时单纯依靠需求调整是无法改变的，必须通过供给调整实现产业结构均衡；按照微观经济学中的市场理论可知，价格是由供给和需求共同作用决定的，因此，物价的稳定仅仅依靠需求管理的政策是不太奏效的，并且可能会由于失衡状态的出现，引起通货膨胀或者通货紧缩等经济问题，事实上，我国的通货膨胀就是由结构失衡引起的通货膨胀，称之为结构性通货膨胀，这类通货膨胀的主要解决方法就是从供给方面入手，调整产品供给结构，提高某些价格过高商品的供给，降低物价，抑制通货膨胀；在缩小收入差距方面，政府通过供给管理，能够调整产业结构，实现劳动和资本的合理配比，缩小由于产业结构失衡导致的收入分配不合理状况，这一调整是需求管理政策无法实现的；近年来，我国流动性过剩问题突出，由于是在股票市场、房地产市场等方面，解决这一问题，单纯依靠需求管理无法实现，必须供给和需求双重管理才能实现。

对于大多数的宏观经济政策工具来说，既可实现需求管理，也能实现供给管理，这取决于政府的侧重点，以财政政策为例，对于政府来说，现在应用财政政策进行的主要是需求管理，但事实上，财政政策中的税收政策就是典型的供给管理政策，此外，政府也可通过实施管制的方式对供给进行调整，例如政府最低限价、产品质量安全政策等。税收的调节是通过影响企业的生产成本来实现供给调节的，目前，我国最常用的税收手段是出口退税。

由此可见，政府实施供给管理的政策工具还是很多的，具体的实施工

111

作应做好以下几个方面：一是结构性减税，减税对于企业减轻成本上升压力，提高企业创新研发的积极性方面具有重要的作用。结构性减税是指从经济结构角度出发，对于高科技、节能环保行业采取加大税收优惠力度的方式，对于高耗能产业采取提高税率的方式。目前，实施最多的出口退税，是根据实际情况，细分税收项目，给予不同的税率退还政策，调整出口结构，实现出口产业升级。二是理顺资源价格。要尽快改革成品油、煤、电和天然气的价格形成机制，协调好政府调控与市场价格机制之间的关系，并完善资源税费制度，形成完善的资源补偿机制，完善价格波动调控机制。三是推进服务业市场化。引导民间资本进入服务业的同时提高服务业的比例，增加就业机会，改善收入分配，调整产业结构升级，推动经济增长，降低经济增长对能源和环境的依存度。四是增加相关产品的有效供给。对于我国来说，突出的"三农"问题的解决，需要投入大量资金，实现区域公共服务均等化，协调发展。在投入资金的同时，要保证城镇的医疗、教育和住房等的有效供给。

三、把握政策调控时机力度

从我国财政政策的历史进程来看，改革开放以来，我国的财政政策调整一共有 7 次，在 1998 年以前的 4 次财政政策调整中，出现了经济的大幅度波动，这是由于政策调整的时机不够好，使得经济已经出现了全面的过热，难以为继，此时的调整不论是在力度还是在时机上把握得都不好，才会产生经济大起大落的负面影响。而 2004 年的财政政策的调控时机把握得非常好，在经济出现过热迹象时，就及时采取了政策降温措施，很快地控制了整个经济局面，此次宏观调控的特点是动手早、防患于未然，从而使得经济一直处于高位运行。由此可见，我国的政策调控精准度在不断提高，调控效果得到大幅改善。然而，从目前我国面临的宏观经济形势来看，要想使得我国经济实现平稳快速可持续的增长，宏观调控之路仍任重而道远。要结合我国国情，借鉴发达国家的宏观调控经验，通过对我国经济发展的整体趋势进行科学合理的预测判断，用科学发展的观点分析问题，提高政策宏观调控的准确度，合理把握政策调控的时机、力度，掌握宏观调控的主动权，合理使用和搭配宏观调控工具，保证宏观经济政策的连续稳定和可持续性。通过改变市场主体的预期，实现政策的平稳转化，防止经济出现大起大落。

四、完善调控工具的使用

由于我国正处于计划经济向市场经济转型的时期，我国的经济运行带有计划和市场的双重特点，因此，我国政策的宏观调控无法实现完全的经济手段，必须在适当的时机使用行政手段作为辅助。但由于行政手段具有强制性，应尽量避免使用。同时，在政策宏观调控的时候要注重社会公平和经济结构调整。根据以往研究成果显示，财政政策宏观调控在经济衰退期间的作用尤为明显，就目前我国的宏观经济形势来看，我国在今后的一段时期内，仍应以财政政策作为宏观调控的主要手段。

财政政策是自20世纪30年代的美国大萧条后，被世界各国认可，成为调控经济衰退的重要手段。同样得到印证的是，此次在由美国次贷危机引起的全球金融危机中，美国作为此次危机的原发国，积极地采取了扩张性的财政政策才使得危机得以顺利渡过。而在我国，无论是经济衰退还是经济过热时，财政政策一直备受青睐，财政政策作为我国宏观调控的主要手段，其作用是直接影响总需求，从而影响经济增长，虽然我国财政政策在整个的历史发展时期，取得了显著的调控效果，但还是存在一些问题的，为此，可以从以下几点进行完善。

首先，完善财政收入机制。对于财政政策来说，其收入主要来源于税收和国债。就目前我国的税收机制来看，尽管1994年进行了分税制改革，使得税收收入占国内生产总值的比重上升了，但是仍然存在着结构不合理的问题，即所得税占税收收入的比重过低，导致财政政策的自动稳定器功能无法实现。此外，扩张性财政政策资金来源的一部分是国债，因此，我国的国债政策在历次的财政政策调控中也发挥了重要作用。然而由于我国的国债注重长期过于短期，并且由于我国的国债依存度很高，若任由其持续下去，将给我国经济带来不稳定因素。为保证经济稳定可持续发展，完善财政政策收入机制势在必行，不但要优化税收结构，也要调整国债结构，降低国债的依存度。

其次，调整财政支出结构。就目前我国的经济形势来看，我国经济增长态势良好，经济增速较快，在此种经济形势下，政府的财政支出应将侧重点从促进经济总量增长方面，转为经济结构的调整，在调整的过程中要重点解决经济失衡问题，同时统筹兼顾。加大公共产品的供给，基础设施的建设，提高转移支付的力度，对于涉及国计民生的医疗、教育、住房等支出要大幅度提高，同时要寻找新的经济增长点，政府要出资给予积极进行科技创新、技术升级等的企业和个人以一定的奖励补贴。通过财政支出结构的调整，调整经济增长的结构，提高经济增长的质量，保证经济可持续增长。

第三，科学把握财政政策方向。自20世纪末财政政策非凯恩斯效应被发现后，对财政政策的评价更为准确客观，同时为财政政策的实施提供更为准确的方向把控。政府可以按照非凯恩斯效应发生的背景条件，及时调整财政政策，按照财政政策效应的不同区制进行相机抉择的财政政策，这样能够更为精准地调控财政政策。根据第三章的理论分析可以看出，20世纪90年代以后，我国财政政策较易发生显著的凯恩斯效应，因此，在此期间，积极的财政政策的实施将更能实现经济增长的快速增长。然而随着非凯恩斯效应产生的条件，商品市场和劳动市场的变化，财政政策效应的发挥也会随之改变，就有可能出现非凯恩斯效应。因此，在调整财政政策的时候，要密切关注影响财政政策效果发挥的劳动市场和商品市场的变化，及时微调财政政策，力求将财政政策的效应控制在凯恩斯效应区域，达到预期调整经济的目的。

最后，要提高信息统计的能力，财政政策的实施需要大量的前期数据作为辅助，因此，数据的准确性与否直接影响到对宏观经济的预测准确度，只有对宏观经济形势把握得准确才能更为精准地实施财政政策。但是，作为分析宏观经济形势的基础——数据，往往是不容易获得的，数据种类繁多，需要统计部门通力协调合作才能统计出准确的数据。但是，从目前我国的实际情况来看，我国的统计部门具有多种职能任务，包括经济数据的统计、调查、分析，同时还要进行经济形势的预测，并提出政策建议。也就是说统计部门要用自己的统计数据做出预测、给出建议，这就有可能某些不负责任的部门，由于政绩需要，为了维护自己的结论，修改原始数据，使得数据的真实性有待考证，鉴于此，要加强对统计部门的管理，提高统计数据的真实度，一方面有利于宏观经济的预测监督管理，一方面有利于更为精准的宏观经济政策的制定。

五、协调政府调控步调

当前，我国宏观调控政策很难达到预想效果的一个主要原因是中央政府与地方政府的调控步调不一致，同时，地方政府为了追求政绩，往往使得宏观调控主要偏向于政绩体现上，真实的政策效果无法体现出来，这就使得原本中央提出的政策在到达地方政府层面时，存在传导不流畅，政策难以实施或是正常实施变味等特点，这与地方政府的发展理念、行为方式有密切关系。之所以会出现这一现象，究其原因在于政府职能转换不到位，即我国政府在从经济建设型政府向公共服务型政府转换的过程中，由于受到政府考核指标、行政体制等方面原因的影响，政府职能转换的步伐较为缓慢，这是因为在当前的行政体制下，地方政府盲目地追求政绩，即经济总量的扩张和财政收入的增加，忽视了政府本身职能的转变。在此背景下，若想提高财政政策宏观调控的有效性，必须保证中央和地方政府的调控步调协同一致，同时要加强中央财政宏观调控的执行力度和效果控制。要想做到这一点，首先要改革当前地方政府的绩效评价体制。目前，我国地方政府绩效评价的主要指标就是国内生产总值，就现实情况而言，很难找到国内生产总值评价指标的替代衡量指标，但是不能在不考虑其他因素，如技术创新、收入分配等情况下，一味地追求国内生产总值的扩大，若是在牺牲了较大的环境和社会的和谐稳定情况下，换来的即使是较高的国内生产总值的增加，那么这个政府的政绩也不应该是好的，因此，要根据国情，合理地设置一些能够反映地方环境变化、技术的创新以及收入分配是否平均的其他指标，结合国内生产总值指标，共同反映地方政府的政绩，同时，要完善地方官员的激励和奖惩机制；其次，要继续完善财政政策体制改革，使得地方政府的财权和事权相统一，保证地方政府能够有效地为当地居民提供公共服务。

从上述的分析来看，我国财政宏观调控随着实践的推进，经验不断丰富，宏观调控绩效也在不断提高，并为我国经济可持续发展做出了巨大贡献，为经济持续高位增长奠定了基础。尽管如此，在分析的过程中，我们还是发现，随着经济的不断发展，宏观调控的手段和方向也要不断调整，与时俱进，要适应经济出现的新情况。这就要求广大学者要继续深入地对我国的宏观调控和经济形势进行深入研究，及时发现我国财政宏观调控中存在的问题，及时总结经验教训，随时调整财政政策，在发现缺陷的同时，继续研究完善财政政策宏观调控体系的方法，达到改善财政政策宏观调控的效率，提高财政政策宏观调控的有效性。

第七章　财政政策之 IS-LM 检验

● 待估的 IS-LM 模型
● 财政政策有效性的静态分析
● 财政政策有效性的动态分析

　　研究财政政策有效性的最终目的是要弄清财政政策的效力究竟有多大，这是各国政府最为关心的事情，也是宏观经济学中的一个重要理论问题。为了说明我国财政政策的有效性程度，在本章中，笔者根据 IS-LM 模型的基本原理，首先讨论了我国的 IS 曲线、LM 曲线的性质。尔后，结合最近几十年的统计数据，利用经济学分析工具，模拟建立大体反映我国宏观经济实际的 IS-LM 模型，并分别进行了静态的和动态的实证分析。最后，笔者依据实证分析结果，阐释了我国政府长期以来实施的"扩张性财政政策"的实际效力以及相关问题。

第一节　待估的 IS–LM 模型

本节将根据 IS–LM 模型的基本原理，建立符合我国实际的 IS–LM 实证模型，该实证模型中包括消费方程、投资方程、净出口方程和利率方程。

一、待估的消费方程

$$C_t = \alpha_{11} + \alpha_{12} \cdot Y_t^d + \varepsilon_1 \tag{7.1}$$

其中，C_t 表示 t 期居民消费；Y_t^d 表示 t 期居民可支配收入；ε_1 表示扰动项；α_{1j}（$j=1$，2）表示待估的参数，其期望值为零。（7.1）式中的居民消费可直接从统计资料中获得；由于居民可支配收入目前在我国尚无正式的统计资料，所以，本书将利用替代值，即支出法计算的国内生产总值减去税收再加上转移支付 TR_t，可用如下方程表示：

$$Y_t^d = （1-\tau）\cdot Y_t + TR_t \tag{7.2}$$

其中，Y_t 表示 t 期的总收入，是以支出法计算的国内生产总值；τ 表示税率；TR_t 表示 t 期的转移支付。（7.2）式中的转移支付为专项转移支付与民政事业费之和。

为消除物价上涨因素给分析带来的不便，本章所使用的居民消费和居民可支配收入的数据均为扣除物价上涨因素的实际居民消费（RC_t）和实际居民可支配收入（RY_t^d），即以 1978 年为基期的居民消费价格指数缩减而得。本章所使用的数据样本区间均为 1978~2011 年，数据均来源于《中国统计年鉴 2012》以及根据《中国统计年鉴 2012》中的原始数据整理而得。

二、待估的投资方程

$$I_t = \alpha_{21} + \alpha_{22} \cdot Y_t + \alpha_{23} \cdot r_t + \varepsilon_2 \tag{7.3}$$

其中，I_t 表示 t 期的私人部门投资；Y_t 表示 t 期的总收入，是以支出法计算的国内生产总值；r_t 表示 t 期的利率；ε_2 表示扰动项；α_{2j}（$j=1$，2，3）表示待估的参数，其期望值为零。由于目前我国尚无私人部门投资的正式统计资料，因此，本章将利用资本形成总额减去国家预算资金额作为替代。

为消除物价上涨因素给分析带来的不便，本章中所使用的私人部门投资和总产出均为扣除物价上涨因素的实际私人投资（RI_t）和实际国内生产总值（RY_t），即以 1978 年为基期的居民消费价格指数缩减而得；利率为实际利率（Rr_t），即从名义利率（r_t）中扣除通货膨胀率（π），其中，一年期定期存款利率（按执行天数加权平均）为名义利率，居民消费价格指数的增长率为通货膨胀率。

三、待估的净出口方程

$$NX_t = \alpha_{31} + \alpha_{32} \cdot Y_t + \alpha_{33} \cdot r_t + \varepsilon_3 \tag{7.4}$$

其中，（7.4）式为净出口方程；NX_t 表示出口总额；Y_t 表示 t 期的总收入，是以支出法计算的国内生产总值；r_t 表示 t 期的利率；ε_3 表示扰动项；α_{3j}（$j=1$，2，3）表示待估的参数，其期望值为零。进出口总额可直接利用《中国统计年鉴 2012》支出法国内生产总值口径下的进出口部分的统计数据。

本章所使用的净出口（NX_t）和国内生产总值（Y_t）均为扣除物价上涨因素的实际净出口（RNX_t）和实际国内生产总值（RY_t），即以 1978 年为基期的居民消费价格指数缩减而得；利率为实际利率（Rr_t），即从名义利率（r_t）中扣除通货膨胀率（π），其中，一年期定期存款利率（按执行天数加权平均）为名义利率，居民消费价格指数的增长率为通货膨胀率。

四、待估的利率方程

$$r_t = \alpha_{41} \cdot Y_t + \alpha_{42} \cdot M_t / P_t + \varepsilon_4 \tag{7.5}$$

其中，（7.5）式为 LM 曲线方程；Y_t 表示 t 期的总收入，是以支出法计算的国内生产总值；M/P_t 表示 t 期的实际货币供给量；ε_4 表示扰动项；α_{4j}（$j=1$，2）表示待估的参数，其期望值为零。本章所使用的利率为实际利率（Rr_t），即从名义利率（r_t）中扣除通货膨胀率（π），其中，一年期定期存款利率（按执行天数加权平均）为名义利率，居民消费价格指数的增长率为通货膨胀率。广义货币供给量 M_2 和国内生产总值均为扣除物价上涨因素的实际国内生产总值（RY_t）和实际货币供给量（M/P_t），即以 1978 年为基期的居民消费价格指数缩减而得。

第二节 财政政策有效性的静态分析

一、消费、投资、净出口和利率方程的估算

（一）消费方程的估算

根据（7.1）式，利用 Eviews7.0 中的最小二乘估计法对此消费方程进行估算，回归结果如下：

$$RC_t=1302.545+0.407554 \cdot RY_t^d \tag{7.6}$$

$$(8.55) \qquad (71.53)$$

$$R^2=0.99,\ Adj-R^2=0.99,\ DW=0.18$$

对上述回归结果进行杜—宾沃特森（DW）和拉格朗日乘数（LM）检验后发现，此消费方程的误差项存在二阶自相关，为消除回归估算可能产生的自相关，对原变量进行广义差分变换后得：

$$GRC_t=RC_t+\varphi_1 \cdot RC_{t-1}+\varphi_2 \cdot RC_{t-2}$$

$$GRY_t^d=RY_t^d+\varphi_1 \cdot RY_{t-1}^d+\varphi_2 \cdot RY_{t-2}^d$$

其中，$\varphi_1=-1.420515$，$\varphi_2=0.581886$。①以 GRC_t 和 GRY_t^d 为变量再次回归，结果如下：

$$GRC_t=230.0405+0.407839 \cdot GRY_t^d \tag{7.7}$$

$$(4.13) \qquad (38.49)$$

$$R^2=0.98,\ Adj-R^2=0.98,\ DW=2.17$$

对（7.7）式进行拉格朗日乘数（LM）检验发现，此消费方程不存在自相关。由（7.7）式可得：

$$\alpha_{11}=\frac{230.0405}{1-1.420515+0.581886}=1425.54$$

$$\alpha_{12}=0.407839$$

将计算所得的和代入（7.1）式得：

---

① φ_1 和 φ_2 来自残差序列回归式：$e_t=1.420515e_{t-1}-0.581886e_{t-2}$

$$RC_t = 1425.54 + 0.407839 \cdot RY_t^d \tag{7.8}$$

由（7.8）式可知，居民可支配收入增加将促进居民消费的增加，这说明我国居民消费对居民可支配收入的反应基本符合经济理论。中国人民银行行长周小川表示，我国居民消费占国内生产总值的比重低于 50%[①]，而且也有学者得出我国居民消费倾向低于 0.4 的结论，如我国居民消费倾向为 0.39（郭庆旺，吕冰洋，何乘材，2004）以及我国居民消费倾向为 0.36（马拴友，2001），由此说明我国消费函数的回归估算结果基本正常，较符合我国国情。

（二）投资方程的估算

根据（7.3）式，利用 Eviews7.0 中的最小二乘估计法对此投资方程进行估算，回归结果如下：

$$RI_t = -1177.447 + 0.444319 \cdot RY_t - 51.02224 \cdot Rr_t \tag{7.9}$$
$$(-5.49) \qquad (65.93) \qquad (-1.45)$$

$R^2 = 0.99$，$Adj\text{-}R^2 = 0.99$，$DW = 0.37$

对上述回归结果进行杜—宾沃特森（DW）检验和拉格朗日乘数（LM）检验后发现，此投资方程的误差项存在一阶自相关，为消除回归估算可能产生的自相关，利用广义差分法消除自相关。对原变量进行广义差分变换后得：

$$GRI_t = RI_t - \rho_1 \cdot RI_{t-1}$$

$$GRY_t = RY_t - \rho_1 \cdot RY_{t-1}$$

$$GRr_t = Rr_t - \rho_1 \cdot Rr_{t-1}$$

其中 $\rho_1 = 1 - \dfrac{Dw}{2} = 1 - \dfrac{0.37}{2} = 0.815$。以 GRI_t，GRY_t 和 GRr_t 为变量再次回归，结果如下：

$$GRI_t = -404.8687 + 0.479343 \cdot GRY_t - 19.7376 \cdot GRr_t \tag{7.10}$$
$$(-3.47) \qquad (35.84) \qquad (-1.02)$$

$R^2 = 0.98$，$A_{dj}\text{-}R^2 = 0.98$，$DW = 1.12$

对上述回归结果进行杜—宾沃特森（DW）检验和拉格朗日乘数（LM）

[①]资料来源：《中国消费占 GDP 的比重》一文，http://www.economicdaily.com.cn/a/201210/11307.html.

检验后发现，此投资方程的误差项仍存在一阶自相关，为消除回归估算可能产生的自相关，对广义差分变量再进行广义差分变换得：

$$GGRI_t=GRI_t-\rho_2 \cdot GRI_{t-1}$$

$$GGRY_t=GRY_t-\rho_2 \cdot GRY_{t-1}$$

$$GGRr_t=GRr_t-\rho_2 \cdot GRr_{t-1}$$

其中 $\rho_2=1-\dfrac{Dw}{2}=1-\dfrac{1.12}{2}=0.44$。以 $GGRI_t$，$GGRY_t$ 和 $GGRr_t$ 为变量再次回归，结果如下：

$$GGRI_t=-259.9212+0.490071 \cdot GGRY_t-9.57464 \cdot GGRr_t \qquad (7.11)$$
$$(-2.35) \qquad (23.61) \qquad (-0.58)$$

$R^2=0.95$，$Adj-R^2=0.95$，$DW=1.85$

对（7.11）式进行拉格朗日乘数（LM）检验发现，此投资方程不存在自相关。由（7.11）式可得：

$$\alpha_{21}=\frac{-259.9212}{(1-0.815) \cdot (1-0.44)}=-2508.89$$

$$\alpha_{22}=0.490071$$

$$\alpha_{23}=-9.57464$$

将计算所得的 α_{21}、α_{22} 和 α_{23} 代入（7.3）式得：

$$RI_t=-2508.89+0.490071 \cdot RY_t-9.57464 \cdot Rr_t \qquad (7.12)$$

由（7.12）式可知，私人部门投资随着收入的增加而增加，随着利率的上升而减少，这说明私人部门投资对收入和利率的反应基本符合经济理论。从回归结果来看，我国私人部门投资的收入弹性较为正常，利率弹性较低，有学者认为我国利率对私人部门投资的调节作用较弱，是由于我国金融体系不够完善，利率的市场化机制不够健全（滑冬玲，2008），由此说明我国私人部门投资函数的回归结果较符合我国国情。

（三）净出口方程的估算

根据（7.4）式，利用 Eviews7.0 中的最小二乘估计法对此净出口方程进行估算，回归结果如下：

$$RNX_t=-359.6605+0.045859 \cdot RY_t+17.24565 \cdot Rr_t \qquad (7.13)$$
$$(-2.18) \qquad (8.87) \qquad (0.64)$$

$R^2=0.72$，$Adj-R^2=0.70$，$DW=0.59$

从上述回归结果来看，回归结果的拟合优度不高，且存在自相关。为消除回归估算产生的自相关，提高方程的拟合优度，通过加入解释变量和被解释变量滞后阶数的方法来提高 DW 值和拟合优度，因此选择实际净出口（RNX_t）和实际国内生产总值（RY_t）滞后一至二阶及实际利率（Rr_t）滞后三阶作为工具变量，回归结果如下：

$$RNX_t=-43.67629+0.236944 \cdot RY_t-0.04148 \cdot RY_{t-1}-0.224687 \cdot RY_{t-2}$$
$$\quad (-0.33) \qquad (1.41) \qquad (-0.11) \qquad (-0.91)$$
$$+15.30917 \cdot Rr_t-18.75477 \cdot Rr_{t-1}+0.9635553 \cdot Rr_{t-2}-10.00099 \cdot Rr_{t-3}$$
$$\quad (0.69) \qquad (-0.81) \qquad (-0.40) \qquad (-0.47)$$
$$+0.948454 \cdot RNX_{t-1}-0.480073 \cdot RNX_{t-2} \qquad\qquad (7.14)$$
$$\quad (5.04) \qquad\quad (-2.54)$$

$R^2=0.945$，$Adj\text{-}R^2=0.922$，$DW=2.159$，$F=40.196$

对（7.14）式进行拉格朗日乘数（LM）检验发现，此投资方程不存在自相关。由（7.14）式可得：

$$\alpha_{31}=\frac{-43.67629}{1+0.480073-0.948454}=-82.157$$

$$\alpha_{32}=\frac{0.236944-0.04148-0.224687}{1+0.480073-0.948454}=0.055$$

$$\alpha_{33}=\frac{15.30917-18.75477-9.635553-10.00099}{1+0.480073-0.0948454}=-43.419$$

将计算所得的 α_{31}、α_{32} 和 α_{33} 代入（7.4）式得：

$$Rr_t=-82.157-0.055 \cdot RY_t-43.419 \cdot Rr_t \qquad\qquad (7.15)$$

由（7.15）式可知，净出口随着收入和利率的增加而增加，这说明净出口对收入和利率的反应符合经济理论。但从回归结果来看，我国净出口函数的收入和利率的反应弹性较符合我国国情。

（四）利率方程的估算

根据（7.5）式，利用 Eviews7.0 中的最小二乘估计法对此利率方程进行估算，回归结果如下：

$$Rr_t=2.868683-0.000492 \cdot RY_t+0.000261 \cdot M_t/P_t \qquad\qquad (7.16)$$
$$\quad (1.35) \qquad\quad (-1.40) \qquad\quad (1.37)$$

$R^2=0.06$，$Adj\text{-}R^2=0.0006$，$DW=1.13$

从上述回归结果来看，回归结果的拟合优度不高，且存在自相关。为消除回归估算产生的自相关，提高方程的拟合优度，通过加入解释变量和被解释变量滞后阶数的方法来提高 DW 值和拟合优度，因此选择实际利率（Rr_t）和实际国内生产总值（RY_t）滞后一至二阶及实际货币供给（M_t/P_t）滞后一阶作为工具变量，回归结果如下：

$$Rr_t=-0.813187+0.001728 \cdot RY_t-0.005128 \cdot RY_{t-1}+0.003624 \cdot RY_{t-2}$$

$$(-0.32) \quad (1.26) \quad\quad (-1.79) \quad\quad\quad (1.94)$$

$$+0.000305 \cdot M_t/P_t -0.000362 \cdot M_{t-1}/P_{t-1}+0.487998 \cdot Rr_{t-1}$$

$$(1.01) \quad\quad\quad (-1.22) \quad\quad\quad (2.75)$$

$$-0.233892 \cdot Rr_{t-2} \quad\quad\quad\quad\quad\quad\quad\quad\quad\quad\quad\quad (7.17)$$

$$(-1.27)$$

$$R^2=0.4937，Adj-R^2=0.346，DW=1.859，F=3.343$$

对（7.17）式进行拉格朗日乘数（LM）检验发现，此利率方程不存在自相关。由（7.17）式可得：

$$\alpha_{41}=\frac{-0.813187}{1-0.487998+0.233892}=-1.09$$

$$\alpha_{42}=\frac{0.001728-0.005128+0.003624}{1-0.487998+0.233892}=0.0003$$

$$\alpha_{43}=\frac{0.000305-0.000362}{1-0.487998+0.233892}=0.00008$$

将计算所得的 α_{41}、α_{42} 和 α_{43} 代入（7.5）式得：

$$Rr_t=-1.09+0.0003 \cdot RY_t-0.00008 \cdot M_t/P_t \quad\quad\quad\quad (7.18)$$

由（7.18）式可知，利率随着收入的增加而增加，随着货币供应量的增加而减少，这说明我国利率函数基本正常，且符合经济理论。但是，从回归结果来看，我国利率对收入和货币供应量的反应弹性偏低（李生祥和丛树海，2004），由此说明我国利率函数的回归结果较符合我国国情。

二、财政政策效力的静态估算

（一）我国的静态 IS-LM 模型

将消费方程、投资方程和净出口方程的估算结果（7.8）、（7.12）和（7.15）式，代入收入恒等式（$Y_t=C_t+I_t+G_t+NX_t$）得到 IS 曲线：

$$Rr_t=\frac{1}{52.99364}(0.407839 \cdot TR_t+G_t-1165.507)$$

$$-\frac{0.407839 \cdot \tau+0.15709}{52.99364} \cdot RY \quad\quad\quad\quad\quad (7.19)$$

由于模型中的利率为百分比，因此由（7.19）式可得 IS 曲线的斜率：

$$\beta_{IS}=-\frac{0.40789\cdot\tau+0.15709}{52.99364}$$

可见，税率（τ）对 IS 曲线的斜率具有直接影响。

同理，由（7.18）式可得 LM 曲线的斜率：

$$\beta_{LM}=0.03$$

根据我国 1978~2011 年的税率（税收占 GDP 的比重），可以计算出随税率变化的我国各年 IS 曲线的斜率，如表 7.1 所示。我国 IS 曲线的斜率为负，且其平均值为 -0.406，LM 曲线的斜率为正，由此说明，我国的 IS 和 LM 曲线具有正常的形状。

表 7.1　IS 曲线斜率

年份	1978	1979	1980	1981	1982	1983	1984	1985	1986
β_{IS}	-0.407	-0.397	-0.392	-0.393	-0.393	-0.392	-0.395	-0.469	-0.450
年份	1987	1988	1989	1990	1991	1992	1993	1994	1995
β_{IS}	-0.431	-0.416	-0.418	-0.409	-0.398	-0.388	-0.385	-0.375	-0.370
年份	1996	1997	1998	1999	2000	2001	2002	2003	2004
β_{IS}	-0.368	-0.374	-0.379	-0.387	-0.394	-0.404	-0.409	-0.409	-0.412
年份	2005	2006	2007	2008	2009	2010	2011		
β_{IS}	-0.415	-0.417	-0.428	-0.429	-0.428	-0.436	-0.445		

资料来源：作者整理计算。

（二）财政政策效力的估算

根据第三章第二节，对 IS-LM 模型的理论分析可以得出：

IS 曲线：$r_t=\dfrac{1}{e+\sigma w}\left(\bar{A}-\dfrac{1}{a_G}Y_t\right)$ (7.20)

LM 曲线：$r_t=\dfrac{k}{h}\cdot Y_t-\dfrac{M}{P\cdot h}$ (7.21)

其中，$\bar{A}=C_0+I_0+G_t+cTR_t+\delta-\sigma q$；$e$ 表示私人投资的实际利率弹性的绝对值；σw 表示净出口的实际利率弹性的绝对值；$a_G=1/[1+\alpha-c(1-\tau)]$，$a_G$ 表示政府支出乘数；$\varphi_t=1/[(e+\sigma w)(\beta_{LM}-\beta_{IS})]$，$\varphi_t$ 表示财政政策乘数；Y_t 表示 t 期的总收入，是以支出法计算的国内生产总值；r_t 表示 t 期的利率；k 表示货币的收入弹性；M/P_t 表示 t 期的实际货币供给量；h 表示货币需求的利率弹性。

根据估算的消费方程、投资方程和净出口方程参数可得：投资的利率弹性 $e=9.57464$，净出口的利率弹性 $\sigma w=43.419$。将上述有关参数代入财政政策乘数公式中（$\varphi_i=1/[(e+\sigma w)\ (\beta_{LM}-\beta_{IS})]$，$\varphi_t$ 表示财政政策乘数），由此可以估算出我国的财政政策乘数，如表 7.2 所示。

表 7.2　我国财政政策乘数

年份	1978	1979	1980	1981	1982	1983	1984	1985	1986
φ_t	4.32	4.41	4.47	4.46	4.46	4.47	4.44	3.78	3.93
年份	1987	1988	1989	1990	1991	1992	1993	1994	1995
φ_t	4.10	4.23	4.21	4.30	4.41	4.51	4.55	4.66	4.72
年份	1996	1997	1998	1999	2000	2001	2002	2003	2004
φ_t	4.74	4.67	4.62	4.53	4.45	4.34	4.30	4.30	4.27
年份	2005	2006	2007	2008	2009	2010	2011		
φ_t	4.24	4.22	4.12	4.12	4.12	4.05	3.98		

资料来源：作者整理计算。

从表 7.2 中可以看出，我国财政政策乘数在 3.78~4.74 之间波动，其平均值为 4.33，这说明我国财政政策在遏制经济衰退、促进经济增长等方面起到了显著的效果，然而与某些学者（马拴友，2001）的前期研究成果相比，在静态模型下，我国财政政策乘数的估计值明显偏大，这是由于我国的投资不仅受到利率的影响，还受到国内生产总值的影响，在这种情况下，财政政策的变动不仅引起了国内生产总值的变化，同时也通过货币市场引起利率的变化，在国内生产总值和利率变化对投资的双重影响下，我国财政政策乘数被放大了（李生祥，丛树海，2004）。然而，自 1998 年我国长期实施扩张性财政政策以来，我国财政政策乘数随着时间的推移，在缓慢下降，这表明我国扩张性财政政策的效力在逐渐减弱。

第三节　财政政策有效性的动态分析

鉴于静态 IS-LM 模型中没有体现出随时间变化居民的消费倾向、投资和净出口的利率弹性的不同变化趋势以及其对 IS、LM 曲线斜率的影响，所以，静态 IS-LM 模型在分析实际问题时存在局限性，那么，静态 IS-LM 模型下的财政政策乘数估算结果未必完全符合实际，因此，本节将利用宏观动态学方法——可变参数状态空间模型，对 IS-LM 模型进行动态实证分析，并测算动态 IS-LM 模型下我国财政政策乘数。

一、可变参数模型的状态空间表示

由于经济变量受现实经济生活复杂性的影响较大，且具有不可观测性，所以，为了估计那些不可观测的经济变量，如时间变量、长期收入、理性预期和测算误差及其他不可观测的因素如趋势等，经济学家们提出了状态空间模型（State Space Model）。对经济系统利用状态空间形式进行动态分析有以下两个优点[1]：一是不可以观测的变量（状态变量）被纳入状态空间下的可观测模型中，且能得到估计结果；二是利用强有力的迭代算法——卡尔曼滤波（Kalman Filter）对状态空间模型进行估计。

一般的状态空间回归模型可用下式表示，即：

$$y_t = x_t \beta + u_t, \quad t = 1, 2, \cdots\cdots, T \tag{7.22}$$

在（7.22）式中，y_t 表示因变量，x_t 表示 $1 \times m$ 维的解释变量向量，β 表示待估计的 $m \times 1$ 维的不可观测的未知参数向量，u_t 表示扰动项。对（7.22）式的估计可以采用计量经济模型的常用方法，如普通最小二乘法（OLS）、工具变量法等，这是因为在样本期内，上述回归方程中所要估计的参数是固定的。

近年来，我国经济结构正在逐渐发生变化，且由于经济改革、各种外界冲击和政策变化等因素对我国的经济结果产生影响，固定参数模型不能完全将上述经济结构的变化体现出来，因此，对经济变量的估计可以采用可变参数模型（Time-Varying Parameter Model）。一般的可变参数模型形式可用下式表示，即：

$$y_t = x_t \beta_t + z_t \gamma + u_t, \quad t = 1, 2, \cdots\cdots T \tag{7.23}$$

（7.23）式为量测方程，其中，z_t 表示具有固定系数 τ 的解释变量集合，x_t 表示具有随机系数的解释变量集合，β_t 表示随时间变化的不可观测的未知参数，该参数体现了解释变量会随着因变量的变化而变化。随机可变系数向量 β_t 必须利用可观测变量 y_t 和 x_t 来估计，可以采用极大似然估计

---

[1]高铁梅.计量经济分析方法与建模——Eviews 应用及实例分析[M].北京:清华大学出版社，2006.353.

法对（7.23）式进行估计，这是因为在样本期内，上述回归方程中所要估计的参数是变化的。

假定参数（β_t）服从一阶自回归（AR (1)）模型，即：

$$\beta_t = \varphi\beta_{t-1} + \varepsilon_t \tag{7.24}$$

（7.24）式为状态方程，也可以将该式的一阶自回归（AR (1)）扩展为 P 阶自回归模型（AR (P))，且假定：

$$(u_t, \ \varepsilon_t) \sim N\left(\begin{pmatrix} 0 \\ 0 \end{pmatrix}, \begin{matrix} \sigma^2 & 0 \\ 0 & Q \end{matrix} \right), \ t=1, \ 2, \ \cdots\cdots, \ T \tag{7.25}$$

在（7.25）式中，u_t 和 ε_t 表示服从均值为零，方差为 σ^2 和协方差矩阵为 Q，且相互独立的正态分布。该模型不能表示经济结构的急剧变化，只能适用经济结构逐渐变化的情况。

二、消费、投资和净出口方程的可变参数模型分析

（一）消费方程的可变参数模型分析

只有具有协整关系的各参数变量才能建立可变参数模型，因此，对消费方程中的实际居民消费与实际可支配收入这两个变量进行协整关系检验，检验结果[①]表明，这两个变量之间存在协整关系。具有协整关系的变量，可以直接建立消费方程的状态空间模型。

根据可变参数模型的基本形式，构造的消费方程的可变参数模型如下：

$$RC_t = SV2 + SV1 * RY_t^d \tag{7.26}$$

$$SV_1 = SV_1 \ (-1) \tag{7.27}$$

$$SV_2 = SV_2 \ (-1) \tag{7.28}$$

其中，SV_1 和 SV_2 表示可变参数序列，且服从一阶自回归（AR (1)）模型，$SV_1 \ (-1)$ 和 $SV_2 \ (-1)$ 表示滞后一期的可变参数序列；（7.26）式表示量测方程，（7.27）式和（7.28）式表示状态方程。

利用 Eviews7.0 中的极大似然估计法，估计消费方程的可变参数模型，由于 Eviews 默认误差项之间的协方差为零，而上述方程中的误差项的协方

---

①Johansen 协整检验结果显示，在 5% 的显著水平下，实际居民消费和实际可支配收入之间存在 2 个协整关系式。

差存在相关关系，在使用"命名误差"方法进行修正后，该模型的估计结果如图 7.1 所示。

SV1 为我国居民消费倾向，由图 7.1 中 SV_1 曲线的走势可以看出：我国居民消费倾向在 1980~2011 年间的总体波动幅度在 0.4~0.66 之间，且呈现周期性波动下降趋势，估计结果较符合我国实际。1980~1986 年期间是我国居民消费倾向最高的时期，其中 1982~1985 年我国居民消费倾向呈小幅下降趋势；1986 年我国居民消费倾向达到最高值，这说明我国 20 世纪 80 年代之初的高经济增长和高通货膨胀伴随着的是居民消费倾向的大幅增加；随着紧缩性财政政策的实施，1987~1990 年间，我国居民消费倾向开始呈下降趋势；1990~1995 年我国居民消费倾向大幅下降，且在 1995 年首次下降到较低点；我国经济成功实现软着陆后，随着积极财政政策的实施，1996~2001 年我国居民消费倾向开始缓慢上升，在 2001 年达到了一个小高峰后，2002~2010 年我国居民消费倾向又再次大幅下降，并在 2010 年再次下降到最低点，2011 年我国居民消费倾向又有回升的趋势。

由此看出，随着经济周期和财政政策的调整，我国居民消费倾向会有小幅变动。对我国居民消费倾向影响较小的是经济增长波动、收入的增长、物价升降及利率调整等因素；而对我国居民消费倾向影响较大的是市场主体信心（李永友，2012）、预防心理、经济体制改革、收入分配制度及社会保障体系的不完善等制度因素[1]。

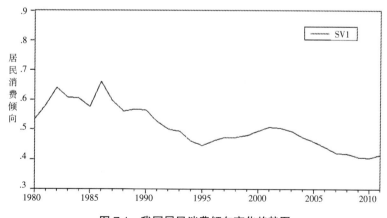

图 7.1　我国居民消费倾向变化趋势图

---

[1]沈坤荣,刘东皇.是何因素制约着中国居民消费.见:卫兴华,洪银兴,黄泰岩,等.社会主义经济理论研究集萃——从经济大国走向经济强国的战略思维[C].北京:经济科学出版社,2012.80~95.

（二）投资方程的可变参数模型分析

只有具有协整关系的各参数变量才能建立可变参数模型，因此，对投资方程中的实际投资、实际 GDP 和实际利率这三个变量进行协整关系检验，检验结果[①]表明，这三个变量之间存在协整关系，存在协整关系的变量，可以直接建立投资方程的状态空间模型。

根据可变参数模型的基本形式，构造的投资方程的可变参数模型如下：

$$RI_t=SV3+SV1 \cdot RGDP_t+SV2 \cdot Rr_t \tag{7.29}$$

$$SV1=c(1)+c(2) \cdot SV1(-1) \tag{7.30}$$

$$SV2=c(3) \cdot SV2(-1) \tag{7.31}$$

$$SV3=c(4) \cdot SV3(-1) \tag{7.32}$$

其中，$SV1$、$SV2$ 和 $SV3$ 表示可变参数序列，且服从一阶自回归（AR(1)）模型，$SV1(-1)$、$SV2(-1)$ 和 $SV3(-1)$ 表示滞后一期的可变参数序列，$c(1)$、$c(2)$、$c(3)$ 和 $c(4)$ 表示固定系数；（7.29）式表示量测方程，（7.30）式、（7.31）式和（7.32）式表示状态方程。

利用 Eviews7.0 中的极大似然估计法估计投资方程的可变参数模型，由于 Eviews 默认误差项之间的协方差为零，而上述方程中的误差项的协方差存在相关关系，在使用"命名误差"方法进行修正后，该模型的估计结果如图 7.2 和图 7.3 所示。

SV1 曲线为我国私人部门投资的收入弹性，由图 7.2 中 SV1 曲线的走势可以看出：我国私人部门投资的收入弹性在 1981~2011 年期间呈周期性波动上升趋势。1982 年我国私人部门投资的收入弹性小幅度下降，且为最低点；1983~1986 年我国私人部门投资的收入弹性大幅度上升，且上升的速度较快；1986~1994 年我国私人部门投资的收入弹性呈波动上升趋势，且在 1994 年上升至最高点；1995~2001 年我国私人部门投资的收入弹性先小幅上升后大幅度下降，并在 2001 年降至最低点；自 2002 年开始，我国私人部门投资的收入弹性再次进入了大幅度上升阶段，在 2005 年达到一个小高峰后在 2006~2008 年有小幅的回落，但之后又持续上升。从图7.2

130

[①]Johansen 协整检验结果显示,在 5%的显著水平下,实际投资、实际 GDP 和实际利率之间存在 1 个协整关系式。

中我国私人部门投资的收入弹性的变化趋势，可以看出我国私人部门投资的收入弹性随着我国收入水平的提高而不断增加，这说明，我国私人部门投资的收入弹性受收入的影响较大。

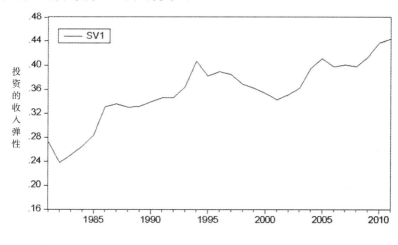

图 7.2 我国私人部门投资的收入弹性变化趋势图

SV2 曲线为我国私人部门投资的利率弹性，由图 7.3 中 SV2 曲线的走势可以看出：我国私人部门投资的利率弹性在 1981～2011 年期间呈相对稳定的波动上升趋势，且波动幅度较小。1981～1982 年期间我国私人部门投资的利率弹性呈现为正值，这是由于改革开放初期，我国经济处于短缺状态下，投资热情高涨，全社会具有"投资饥渴症"，且在这一时期，我国政府对经济运行的管理主要采取行政手段，因此，利率等经济因素对社会投资的影响作用很弱。[①]自 1983 年以来，我国私人部门投资的利率弹性小于零，这说明，我国私人部门投资函数符合传统的经济理论。1983～1985 年我国私人部门投资的利率弹性呈相对稳定的变化趋势；1986～1995 年我国私人部门投资的利率弹性曲线呈波动上升，只是波动幅度不大；1996 年以后我国私人部门投资的利率弹性呈直线上升趋势，这说明 20 世纪 90 年代中期以来，政府干预经济的方式从行政手段逐步转为间接调控，我国市场经济体制逐步建立，因此，经济因素如利率等对社会投资的影响不断加强，且随着国内宏观经济环境的稳定，我国私人部门投资的利率弹性表现出相对稳定的变化走势。

---

①胡琨.中国财政政策有效性实证研究[D].天津：天津大学,2004.136.

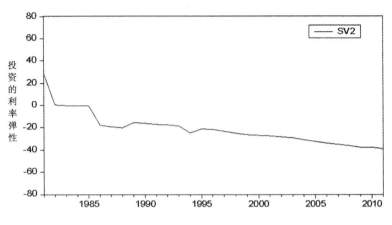

图 7.3 我国私人部门投资的利率弹性变化趋势图

（三）净出口方程的可变参数模型分析

只有具有协整关系的各参数变量才能建立可变参数模型，因此，对净出口方程中的实际净出口、实际 GDP 和实际利率这三个变量进行协整关系检验，检验结果[①]表明，这三个变量之间存在协整关系，存在协整关系的变量，可以直接建立净出口方程的状态空间模型。

根据可变参数模型的基本形式，构造的净出口方程的可变参数模型如下：

$$RNX_t=c(1)+SV1\cdot RGDP_t+SV2\cdot Rr_t \tag{7.33}$$

$$SV1=c(2)+c(3)\cdot SV1(-1) \tag{7.34}$$

$$SV2=c(4)+c(5)\cdot SV2(-1) \tag{7.35}$$

其中，$SV1$ 和 $SV2$ 为可变参数序列，且服从一阶自回归（AR（1））模型，$SV1(-1)$ 和 $SV2(-1)$ 表示滞后一期的可变参数序列，$c(1)$、$c(2)$、$c(3)$、$c(4)$ 和 $c(5)$ 表示固定系数；（7.33）式表示量测方程，（7.34）式和（7.35）式表示状态方程。

利用 Eviews7.0 中的极大似然估计法估计净出口方程的可变参数模型，由于 Eviews 默认误差项之间的协方差为零，而上述方程中的误差项的协方差存在相关关系，在使用"命名误差"方法进行修正后，该模型的估计结果如图 7.4 和图 7.5 所示。

[①]Johansen 协整检验结果显示，在 5% 的显著水平下，实际净出口、实际 GDP 和实际利率之间存在 2 个协整关系式。

　　SV1 曲线为我国净出口的收入弹性，由图 7.4 中 SV1 曲线的走势可以看出：我国净出口的收入弹性在 1978~2011 年期间呈波动上升趋势。1978~1986 年我国净出口的收入弹性相对稳定；我国出口的收入弹性在1987 年下降后，在 1988~1996 年呈缓慢上升趋势，且在 1996 年基本恢复到 1986 年的水平；我国净出口收入弹性在 1997 年大幅度下降，这与 1997年爆发的亚洲经济危机造成的国际宏观经济形势动荡相吻合。1998~2003年，我国净出口的收入弹性上升缓慢，这正与我国政府 1998 年后采取了积极财政政策，转而将扩大内需作为政策实施目标，且政策的实施促使国内经济明显好转相一致，在 2003 年基本恢复到 1986 年的水平；而在2004~2008 年我国净出口的收入弹性大幅度上升；2008 年以后我国净出口的收入弹性又大幅度下降。从图 7.4 中我国净出口的收入弹性变化趋势可以看出，我国净出口的收入弹性随着我国市场经济的不断发展完善，其波动幅度也在不断扩大，且其波动也受到国际市场经济形势的影响。

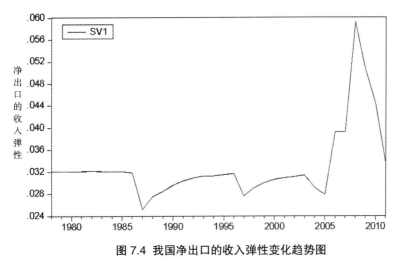

图 7.4　我国净出口的收入弹性变化趋势图

　　SV2 曲线为净出口的利率弹性，由图 7.5 中 SV2 曲线的走势可以看出：我国净出口的利率弹性在 1978~2011 年期间以零为轴呈波动下降趋势且数值非常大。我国净出口的利率弹性在 1993 年以前呈现稳定的波动趋势，只在 1987 年突然增大，之后又趋于稳定，而在 1994~2003 年我国净出口的利率弹性波动幅度小且频繁；2004 年以后我国净出口的利率弹性呈现大幅度的波动，且呈现下降趋势。从图 7.5 中我国净出口利率弹性的变化趋势可以看出，我国利率对净出口的调节作用甚微，这是由于我国实行的有管理的浮动汇率制度，且利率的市场化程度也很低，影响了汇率和利率传导机制，进而影响我国利率对净出口的调节作用。

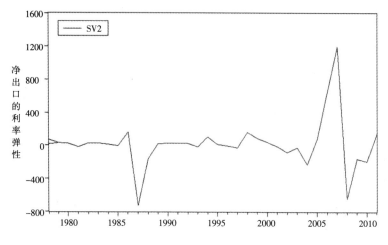

图 7.5　我国净出口的利率弹性变化趋势图

三、财政政策效力的动态估算

（一）IS 曲线斜率的动态估算

由于模型中使用的利率为百分比，因此，根据（7.20）式可以得出 IS 曲线斜率的公式：

$$\beta_{IS}=-\cfrac{100}{a_G\cdot\ (e+\sigma w)} \tag{7.36}$$

根据（7.36）式和消费、投资、净出口方程的可变参数模型中的居民消费倾向、税率、投资和净出口的利率弹性以及净出口的收入和税率，可以估算出我国 IS 曲线的斜率，如表 7.3 和图 7.6 所示。

从图 7.6 中可以看出，改革开放初期，我国 IS 曲线斜率的绝对值较大，随着时间的推移，我国 IS 曲线斜率的绝对值呈波动下降趋势。总体来看，1981~2011 年间我国 IS 曲线斜率的波动较大，IS 曲线形状由较为陡直转为较为平缓。

表7.3 IS曲线斜率的绝对值

年份	1981	1982	1983	1984	1985	1986	1987	1988	1989	1990	1991
β_{IS}	0.74	1.42	1.38	3.12	2.92	0.136	0.043	0.201	1.05	0.99	1.00
年份	1992	1993	1994	1995	1996	1997	1998	1999	2000	2001	2002
β_{IS}	1.21	1.15	0.41	1.74	1.71	0.95	0.28	0.45	0.76	1.04	0.40
年份	2003	2004	2005	2006	2007	2008	2009	2010	2011		
β_{IS}	0.81	0.18	0.45	0.08	0.04	0.08	0.28	0.24	0.31		

资料来源:作者计算整理。

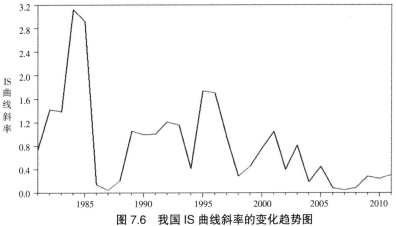

图7.6 我国IS曲线斜率的变化趋势图

(二)LM曲线斜率的动态估算

根据IS—LM理论模型,可以构造如下形式的LM曲线的可变参数模型:

$$Rr_t = SV1_{LM} \cdot RGDP_t + SV2_{LM} \cdot M_t/P_t \tag{7.37}$$

$$SV1_{LM} = c(1) + c(2) \cdot SV1_{LM}(-1) \tag{7.38}$$

$$SV2_{LM} = c(3) + c(4) \cdot SV2_{LM}(-1) \tag{7.39}$$

其中,$RGDP_t$表示实际GDP;Rr_t表示实际利率;M_t/P_t表示实际货币供给量;$SV1_{LM}$和$SV2_{LM}$表示可变参数序列,且服从一阶自回归(AR(1))模型,$SV1_{LM}(-1)$和$SV2_{LM}(-1)$表示滞后一期的可变参数序列,$c(1)$、$c(2)$、$c(3)$和$c(4)$表示固定系数;(7.37)式表示量测方程;(7.38)式和(7.39)式表示状态方程。

利用Eviews7.0中的极大似然估计法估计LM曲线方程的可变参数模型,由于Eviews默认误差项之间的协方差为零,而上述方程中误差项的协方差存在相关关系，在使用"命名误差"方法进行修正后，该模型的估计结果如图 7.7 所示。

由于模型中使用的利率为百分比，因此，$SV1_{LM} \cdot 100$ 表示 LM 曲线的斜率，从图 7.7 可以看出，我国的 LM 曲线基本正常，符合传统经济理论，其斜率为正，且我国 LM 曲线的斜率不断增加，随着时间的推移我国 LM 曲线斜率的增加幅度在不断减小。

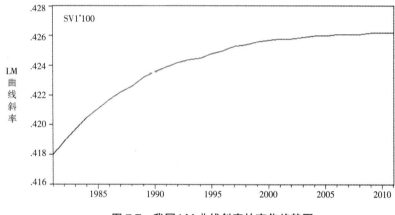

图 7.7　我国 LM 曲线斜率的变化趋势图

（三）中国财政政策效力的动态估算

根据财政政策乘数公式（$\varphi_t = 1/[(e+\sigma w)(\beta_{LM}-\beta_{IS})]$，$\varphi_t$ 表示财政政策乘数）和政府支出乘数公式（$a_G = 1/[1+\alpha-c(1-\tau)]$，$a_G$ 表示政府支出乘数），并利用上述可变参数模型估算出的投资和净出口的利率弹性及 IS 曲线和 LM 曲线的斜率，可以计算出随时间变动的我国财政政策乘数 φ_t 和政府支出乘数 a_G，同时，为了测算出我国财政政策的负面效应——挤出效应的大小，本章利用公式——$\varphi_t = (a_G-\varphi_t)/a_G$ 作为财政政策挤出效应的一种度量。财政政策乘数、政府支出乘数和挤出效应的关系，如图 7.8 所示。

与财政政策乘数的静态估算结果相比，我国财政政策乘数的动态估算结果较符合实际。从图 7.8 中可以看出：

1. 在 1978~2011 年间，我国财政政策乘数都是大于零的正数，这说明我国财政政策在此期间对我国的经济增长是有贡献的。随着挤出效应的变化，我国财政政策乘数呈现与之相反的变化趋势，总体来看，我国财政政策呈波动下降趋势，这说明我国的财政政策效力在降低（叶文辉，楼东伟，2010）。

2.在 1978~2011 年间，我国财政政策存在一定的挤出效应，这说明我国政府支出存在挤占私人部门投资的现象。在 1986~1988 年间，由于我国经济处于高通胀和经济过热时期，我国全面实施紧缩性政策，政府支出的增加使利率升高，私人部门资金被挤占的现象严重，产生了较高的挤出效应；在 2006~2008 年间，我国实行稳健性的财政政策，但是由于受全球经济危机的影响，私人投资的边际产出降低减少私人投资，此时政府支出的增加挤出了私人投资，产生了较高的挤出效应。

3.我国政府为应对危机，分别在 1998 年和 2008 年实施扩张性财政政策后，我国财政政策乘数都有所上升，这说明我国为遏制经济危机所实施的扩张性财政政策还是具有一定效果的。

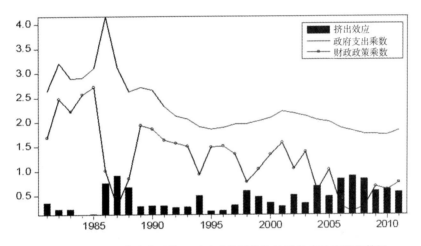

图 7.8　政府支出乘数、财政政策乘数和挤出效应的变化趋势图

　　总体来看，无论是静态分析，还是动态分析，都证明了我国的财政政策效力在降低。静态分析中显示，自 1998 年我国政府开始实施扩张性财政政策以来，我国财政政策的效力在不断降低，只是下降的速度较为缓慢；动态分析显示，我国政府在 1998~2003 年和 2008 年至今，所实施的两次扩张性财政政策期间，财政政策效力得到了一定的提高，只是提高的幅度不大，因此，我国财政政策效力下降的趋势还是无法逆转。

第八章　财政政策之 VAR 模型检验

● 研究方法选择和模型简介
● 数据处理和模型设定
● 实证结果分析

　　财政政策有效性的研究目的及为了弄清财政政策的效力大小，在上一章中，根据 IS-LM 模型，结合我国的实际经济情况，对我国的财政政策进行了 IS-LM 模型的静态和动态经济实证分析，从财政政策乘数角度分析了我国财政政策的效力。本章将通过向量自回归模型对我国财政政策的总体效应进行分析的同时，通过脉冲响应函数和方差分解分析法来分析我国财政政策对社会需求各组成成分的影响程度。[1]

---

[1]胡琨,陈伟珂.中国财政政策有效性实证研究[J].中国软科学,2004(5):60-65.

第一节　研究方法选择和模型简介

一、研究方法的选择

20 世纪五六十年代用联立方程的形式建立模型非常流行，这种方法的优点是对一个方程内由随机误差项与某些解释变量的相关所造成的回归参数估计量的偏倚给予了充分的注意与考虑。这种建模方法用来研究大型复杂的宏观经济问题，用来做政策分析和预测。

向量自回归（VAR）模型是由西姆斯（Sims）于 1980 年提出的，该模型是用模型中所有当期变量对所有变量的若干滞后变量进行回归。VAR 模型用来估计联合内生变量的动态关系，而不带有任何事先约束条件。这种建模方法的理论优点是对一个方程内由随机误差项与某些解释变量的相关所造成的回归参数估计量的偏倚给予了充分的注意与考虑，因此，这种建模方法广泛用来研究大型复杂的宏观经济问题。同时，向量自回归模型对于相互联系的时间序列变量系统是有效的预测模型，故其也被频繁地用于政策分析和预测。财政政策实施正是处于一个较为复杂的宏观经济环境，其受影响的因素较多，面对如此复杂的宏观经济环境，要想明确分析财政政策变量对其中的某项社会需求的组成成分的影响，只能通过向量自回归模型中的脉冲响应函数分析和方差分解分析，鉴于此，本章选择向量自回归模型对我国财政政策进行总体效应分析的同时，还对财政政策影响社会需求各成分进行了分解分析。

二、模型简介

假设 Y_t 是一个 N×1 阶时间序列向量，$Y_t = (y_{1t}, y_{2t} \cdots\cdots y_{Nt})$。则 K 阶 VAR 模型可写为

$$Y_t = \sum_{i=1}^{k} \pi_t Y_{t-i} + U_t$$

$$= \pi_1 Y_{t-1} + \pi_2 Y_{t-2} + \cdots + \pi_k Y_{t-k} + U_t, \quad U_t \sim \prod D(0, \Omega) \tag{8.1}$$

用 VAR（k）表示上述模型，其中 $\pi_1, \cdots, \pi_k$ 都是 N×N 阶参数矩阵，U_t 是 N×1 阶随机误差列向量。Ω 是 N×N 阶方差协方差矩阵。位移项，趋

139

势项和季节虚拟变量，也可以包含在上述 VAR 模型中。

因为 VAR 模型右侧只含有滞后变量，而这些变量与误差项不存在相关关系，所以可以用最小二乘估计法对 VAR 模型内的方程逐一进行估计。参数估计量具有一致性。有时容易被忽视的一个问题是 VAR 模型中的误差项向量的协方差值非零。处理方法是在估计参数之前，对模型先进行变换从而使误差项之间不存在相关。

为克服误差项间的同期相关问题，在假定误差项 U_t 服从多元正态分布条件下可以用对数似然估计方法估计模型参数。U_t 的概率密度函数表示为

$$f(U_t)=(2\pi)^{-N/2}|\Omega|^{-1/2}exp(-1/2 v'_t\Omega^{-1}U_t) \tag{8.2}$$

则 y_t 的概率密度函数表示为

$$f(Y_t)=(2\pi)^{-N/2}|\Omega|^{-1/2}exp\left[-1/2(Y_t-\sum_{i=1}^{k}\prod_iY_{t-i})\Omega^{-1}(Y_t-\sum_{i=1}^{k}\prod_iY_{t-i})\right] \tag{8.3}$$

若样本容量为 T，在 U_t 服从多元正态分布条件下，对数似然函数写为

$$LogL(\prod_1,\cdots\cdots,\prod_k,\Omega/Y_1,\cdots\cdots,Y_T)=-(TN/2)log(2\pi)-(T/2)log|\Omega|$$

$$-1/2\sum_{t=1}^{T}\left[(Y_t-\sum_{i=1}^{k}\prod_iY_{t-i})'\Omega^{-1}(Y_t-\sum_{i=1}^{k}\prod_iY_{t-i})\right] \tag{8.4}$$

求极大化的第一步是对上式求关于 Ω 的集中函数。有 $|\Omega|=\left|\Omega^{-1}\right|^{-1}$。

把上式中的 $|\Omega|$ 全部用 $\left|\Omega^{-1}\right|^{-1}$ 表示，并对上式求关于 Ω^{-1} 的偏导数从而求得集中对数似然函数如下

$$\partial logL/\partial\Omega^{-1}=(T/2)\Omega(1/2)\sum_{t=1}^{T}\left[(Y_t-\sum_{i=1}^{k}\prod_iY_{t-i})(Y_t-\sum_{i=1}^{k}\prod_iY_{t-i})\right] \tag{8.5}$$

令上式为零，得

$$\Omega=(1/T)\sum_{t=1}^{T}\left[(Y_t-\sum_{i=1}^{k}\prod_iY_{t-i})(Y_t-\sum_{i=1}^{k}\prod_iY_{t-i})\right] \tag{8.6}$$

即 Ω 的极大似然估计量等于由残差平方和与残差交叉积和组成的矩阵除以样本容量 T。

建立 VAR 模型首先应确定滞后期 k。若滞后期太小，误差项的自相关有时很严重，并导致参数的非一致性估计。根据 ADF 检验的原理，在 VAR 模型中适当加大 k 值（增加之后变量个数），可以消除误差项中存在的自相关。但从另一方面看，k 值又不宜过大。k 值过大会导致自由度减

少，直接影响模型参数估计量的有效性。

VAR 模型不以严格的经济理论为依据。在建模过程中只需明确两件事。一个是共有哪些变量是相互有关系的。把有关系的变量包括在 VAR 模型中；二是确定滞后期 k。使模型能反映出变量间相互影响的绝大部分。VAR 模型对参数不施加零约束。VAR 模型的解释变量中不包括任何当期变量，所有与联立方程模型有关的问题在 VAR 模型中都不存在。

VAR 模型的另一个特点是有相当多的参数需要估计。比如一个 VAR 模型含有三个变量，最大滞后期 k=3，则有 $kN^2=3 \times 3^2=27$ 个参数需要估计。当样本容量较小时，多数的参数估计值精度很差。VAR 模型可通过假设检验剔除那些零约束参数所对应的变量，缩小模型规模。

无约束 VAR 模型的应用之一是预测。由于在 VAR 模型中每个方程的右侧都不含有当期变量，这种模型用于预测的优点是不必对解释变量在预测期内的取值做任何预测。这与通常预测时必须先预测外生变量的值截然不同。

西姆斯认为 VAR 模型中的全部变量都是内生变量。近年来也有学者认为具有单向因果关系的变量也可以作为外生变量加入 VAR 模型。

第二节 数据处理和模型设定

一、数据处理

本节选取 1978~2011 年的国内生产总值（GDP）、居民消费（C）、政府消费（GC）、民间投资（I）、政府投资（GI）、进口（IM）和出口（EX）的年度数据作为样本。由于在对财政政策的效果进行分析时，将政府行为和民间行为进行了区分，因此，本书在利用 VAR 模型进行建模时，为消除价格波动对研究结果的影响，将以 1981 年的不变价格（1981 年=100）为标准对所有序列进行调整。因此，样本数据变为实际国内生产总值（RGDP）、实际居民消费（RC）、实际政府消费（RGC）、实际民间投资（RI）、实际政府投资（RGI）、实际进口（RIM）和实际出口（REX）（全部以当年价格扣除物价上涨因素计算）等，并将这些数据作为模型的变量进行估计。其中，国内生产总值、政府消费、居民消费、进出口均有正式的统计资料，而政府投资和民间投资尚无正式的统计定义，因此，本书将政府投资定义为其与全社会固定资产投资的资金来源中国家预算资金部分相等，民间投资则等于资本形成总额减去政府投资。各变量的原始数据来自《中国统计摘要 2012》。[①]

二、模型设定

(一) 未加入财政政策变量的 VAR 模型

构建该模型的主要目的是估计社会需求各组成成分的残差。这些残差代表了各自变量变化不能被本模型所建经济系统的历史规律所解释的部分，即可能给经济系统造成的影响。

在这一模型中，本节选择宏观经济中的五个变量：实际国内生产总值 (RGDP)、实际居民消费 (RC)、实际民间投资 (RI)、实际进口 (RIM) 和实际出口 (REX) (全部以当年价格扣除物价上涨因素计算)。由这五个变量构成的 k 阶 VAR 模型可以表示为：

$$Y_t = A + \sum_{i=1}^{k} B_i Y_{t-i} + U_t$$

其中 $Y_t = \begin{pmatrix} RGDP_t \\ RC_t \\ RI_t \\ RIM_t \\ REX_t \end{pmatrix}$，$A = \begin{pmatrix} A_1 \\ A_2 \\ A_3 \\ A_4 \\ A_5 \end{pmatrix}$，$U_t = \begin{pmatrix} U_{1t} \\ U_{2t} \\ U_{3t} \\ U_{4t} \\ U_{5t} \end{pmatrix}$，B 为 5×5 阶的参数矩

阵，$U_t \sim N(0, \sigma_i^2)$。

以上五个变量的单位根检验结果表明，这五个变量的原始数据均不平稳。在 5% 的检验水平下，对这五个变量进行对数一阶差分变换后，它们均通过了单位根的平稳性检验，因此将这些变量取对数一阶差分后带入 VAR 模型。采用 Lag Length Criteria (滞后长度准则) 测试 VAR 模型中变量的合理滞后阶数，检验结果表明，选择滞后阶数为一时，模型模拟的效果

---

①选择数据的起始年份为 1981 年，是因为全社会固定资产投资的资金来源中国家预算资金部分的数据是从 1981 年开始的。

最佳。因此，在本章的 VAR 模型中，五个变量取对数一阶差分、且滞后阶数为 1。

（二）加入财政政策变量的 VAR 模型

在未加入财政政策变量的 VAR 模型的基础上，本章以外生变量的形式将代表政府行为的实际政府消费和实际政府投资这两个财政政策指标变量加入该 VAR 模型中。这两个变量的单位根检验结果表明它们的原始数据都不平稳，而在 5% 的检验水平下，对这两个变量进行对数一阶差分变换后，它们均通过了单位根的平稳性检验。因此，将这两个变量取对数一阶差分后加入 VAR 模型。这样扩大的 VAR 系统中包括五个内生变量 (国内生产总值、居民消费、民间投资、进口和出口) 及两个外生变量 (实际政府消费和实际政府投资)。

在 VAR 模型中加入财政政策变量的目的是为了检验 VAR 模型中各变量的残差中有多少冲击是由财政政策造成的。需要说明的是在未加入财政政策变量的 VAR 模型的各变量的残差中含有财政政策的影响，而在加入财政政策变量的 VAR 模型的各变量的残差中不含有财政政策的影响。

第三节　实证结果分析

一、模型运行结果分析

（一）未加入财政政策变量的 VAR 模型的运行结果

未加入财政政策变量的 VAR 模型的运行结果见表 8.1 和图 8.1 中的实线。由此可见，居民消费和出口的残差曲线趋势与国内生产总值的残差曲线趋势基本一致，而民间投资和进口的残差曲线趋势与国内生产总值的残差曲线趋势相差甚远，因此，从长期来看宏观经济受居民消费和出口因素影响更大些。

表 8.1　只有民间行为变量的 VAR 模型中各变量的残差值

	GDP	居民消费	民间投资	进口	出口
1984	−0.0022	−0.0027	−0.0155	−0.0013	0.0362
1985	−0.0043	0.0336	0.1083	0.3045	0.0044
1986	−0.0005	−0.0004	−0.0599	−0.0989	0.0228
1987	−0.0188	−0.0104	−0.0299	−0.0172	0.0343
1988	−0.0030	0.0148	0.0358	0.1361	0.0796
1989	−0.0678	−0.0748	−0.0582	−0.0730	−0.0628
1990	0.0363	0.0224	0.0757	0.0602	0.0264
1991	−0.0093	−0.0164	−0.0606	−0.1576	−0.0371
1992	0.0171	0.0387	0.0529	0.0250	0.0094
1993	0.0472	−0.0023	0.1524	−0.0016	−0.1042
1994	−0.0300	−0.0062	−0.1029	−0.0114	0.0799
1995	−0.0258	0.0006	−0.0520	−0.0137	0.0130
1996	0.0263	0.0366	−0.0128	0.0596	0.0561
1997	0.0151	−0.0038	−0.0345	−0.0805	0.1036
1998	0.0093	0.0080	−0.0161	−0.0255	−0.0653
1999	−0.0226	0.0007	−0.0378	0.0624	−0.0039
2000	−0.0153	0.0217	−0.0507	0.0991	0.0543
2001	−0.1014	−0.0189	0.0108	−0.1332	−0.1368
2002	−0.0104	−0.0090	0.0145	−0.0288	−0.0697
2003	0.0033	−0.0203	0.0736	0.1131	0.0887
2004	0.0298	0.0225	0.0463	0.0898	0.0249
2005	0.0027	−0.0114	−0.0702	−0.0498	0.0177
2006	0.0063	−0.0185	−0.0037	0.0029	0.0536
2007	−0.0029	−0.0088	−0.0494	−0.0470	0.0290
2008	−0.0032	−0.0188	0.0204	−0.0184	−0.0242
2009	0.0074	0.0139	0.0465	−0.2555	−0.3294
2010	−0.0038	0.0104	−0.0024	0.0745	0.0666
2011	0.0293	0.0186	0.0193	−0.0137	0.0330

资料来源：作者计算整理。

（二）加入财政政策变量的 VAR 模型的运行结果

加入财政政策变量的 VAR 模型的运行结果见表 8.2 和图 8.1 中的虚

线。由此可见，将财政政策因素的影响分离后，居民消费、进口和民间投资的残差曲线趋势与国内生产总值的残差曲线趋势更趋一致，而出口的残差曲线趋势与国内生产总值的残差曲线趋势相差较远，这说明此时居民消费、进口和民间投资对宏观经济的影响更大。

表 8.2　引入财政政策变量的 VAR 模型中各变量的残差值

	GDP	居民消费	民间投资	进口	出口
1984	−0.0029	−0.0030	−0.0140	−0.0173	0.0052
1985	0.0159	0.0416	0.0998	0.2475	−0.0131
1986	−0.0111	−0.0046	−0.0560	−0.0597	0.0482
1987	−0.0207	0.0112	−0.0271	−0.0421	−0.0173
1988	0.0151	0.0220	0.0290	0.0726	0.0425
1989	−0.0515	−0.0683	−0.0644	−0.1298	−0.0956
1990	0.0274	0.0188	0.0817	0.0497	−0.0280
1991	−0.0176	−0.0197	−0.0568	−0.1395	−0.0391
1992	0.0108	0.0362	0.0584	−0.0030	−0.0648
1993	0.0342	−0.0074	0.1573	0.0441	−0.0769
1994	−0.0247	−0.0044	−0.1030	−0.0601	0.0162
1995	−0.0081	0.0077	−0.0602	−0.0518	0.0185
1996	0.0169	0.0328	−0.0076	0.0659	0.0290
1997	0.0169	−0.0031	−0.0346	−0.0971	0.0819
1998	−0.0171	−0.0024	−0.0070	0.0814	0.0142
1999	−0.0165	0.0032	−0.0450	0.1196	0.1210
2000	−0.0129	0.0031	−0.0519	0.0945	0.0559
2001	−0.0029	−0.0160	0.0064	−0.1309	−0.1036
2002	0.0080	−0.0016	0.0034	−0.0265	0.0090
2003	0.0235	−0.0123	0.0655	0.0493	0.0592
2004	0.0265	0.0212	0.0452	0.1391	0.0977
2005	−0.0155	−0.0186	−0.0627	0.0048	0.0393
2006	0.0016	−0.0205	0.0004	−0.0180	−0.0023
2007	−0.0078	−0.0107	−0.0471	−0.0376	0.0258
2008	−0.0092	−0.0212	0.0230	−0.0019	−0.0197
2009	0.0139	0.0166	0.0389	−0.1958	−0.1985
2010	−0.0064	0.0093	−0.00003	0.0619	0.0336
2011	0.0141	0.0125	0.0286	−0.0193	−0.0383

资料来源：作者计算整理。

（三）上述两个 VAR 模型的残差对比分析

上述两个 VAR 模型的残差对比分析见图 8.1，分析结果显示，国内生产总值、进口和出口的残差曲线的实线和虚线走势有较大的差别；而居民消费的残差曲线的实线和虚线走势差别较小，民间投资的残差曲线的实线和虚线的走势几乎完全重合。这说明我国财政政策对国内生产总值和进出口的调控效果较明显，对居民消费调控作用较小，对民间投资的调控能力非常弱。

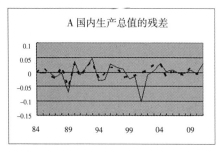
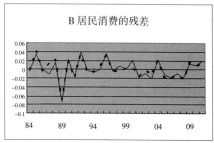
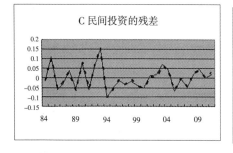
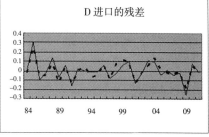
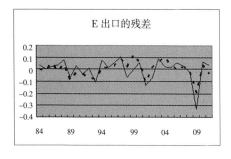

图 8.1　VAR 模型各变量的残差图

二、脉冲响应函数和方差分解分析

对 VAR 模型中的单个参数估计值的解释是很困难的。要想对一个

VAR 模型做出结论，可以观察系统的脉冲响应函数和方差分解。

（一）脉冲响应函数分析

脉冲响应函数刻画的是在误差项上加一个标准差大小的冲击对内生变量的当期值和未来值所带来的影响。通过对比分析上述两个 VAR 模型所构建的经济系统的前 15 期的脉冲响应图，见图 8.2，本节将就我国财政政策的有效性做进一步的分析。从图 8.2 可以看出，其他变量对国内生产总值施加一个标准差的冲击后，其响应周期[①]因财政政策的作用变短，见图 8.2 中的实线。居民消费、民间投资、进口和出口对其他变量冲击的响应周期也因财政政策的作用变短[②]，这说明财政政策增强了宏观经济系统抵御外来冲击的能力，增加了经济系统的稳定性。

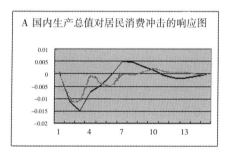
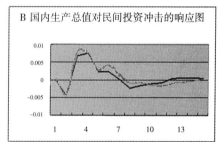
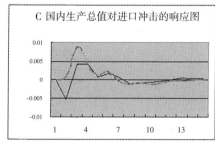
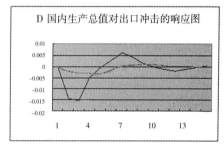

图 8.2　国内生产总值的脉冲函数响应图

（二）方差分解分析

VAR 模型中的方差分解能够给出随机信息的相对重要性信息。方差分解能够将 VAR 模型系统中任一内生变量的方差分解为系统中各变量的随机信息所做的贡献，且能计算出每个变量的随机信息所引起的方差占总方

①本书将响应周期定义为响应曲线第三次与零点坐标轴相交时对应的周期长度。
②这里只给出了国内生产总值的反应函数图。

差的贡献比例。本书将上述两个 VAR 模型中的国内生产总值方差分解为由国内生产总值自身的新息、居民消费的新息、民间投资的新息、进口的新息和出口的新息等五个构成部分。其中，各期各变量新息的贡献率见表 8.3 和表 8.4。

从两个表的对比可以发现，存在财政政策影响的 VAR 模型中，出口对国内生产总值的贡献率大幅提升，进口对国内生产总值的贡献率大幅下降，居民消费对国内生产总值的贡献率有小幅提升，而民间投资对国内生产总值的贡献率出现了小幅下降，这说明，我国财政政策对进出口的调节作用较大，且主要通过进出口来调节经济的发展。这与模型的残差对比分析的结果基本一致。

148

表 8.3　未引入财政政策变量的 VAR 模型中国内生产总值的方差分解

	S.E.	国内生产总值	居民消费	居民投资	进口	出口
1	0.029	100.0	0.000	0.000	0.000	0.000
2	0.038	72.96	9.000	1.331	2.055	14.65
3	0.044	53.07	18.49	3.299	2.382	22.77
4	0.046	49.18	19.73	5.771	3.080	22.24
5	0.046	49.23	20.20	5.852	3.024	21.69
6	0.047	50.21	19.55	5.897	3.031	21.31
7	0.048	49.16	20.01	5.711	2.953	22.16
8	0.048	48.20	20.53	5.830	2.958	22.48
9	0.049	47.90	20.75	5.919	2.982	22.44
10	0.049	47.94	20.77	5.948	2.985	22.36

资料来源：作者计算整理。

表 8.4　引入财政政策变量的 VAR 模型中国内生产总值的方差分解

	S.E.	国内生产总值	居民消费	居民投资	进口	出口
1	0.026	100.0	0.000	0.000	0.000	0.000
2	0.028	85.93	11.60	1.736	0.102	0.631
3	0.033	66.02	18.25	7.495	7.100	1.137
4	0.036	65.53	15.46	10.35	7.127	1.531
5	0.037	63.82	16.17	10.63	7.077	2.307
6	0.037	61.81	17.05	11.53	7.215	2.400
7	0.037	61.71	17.01	11.68	7.199	2.396
8	0.038	62.08	16.77	11.58	7.195	2.378
9	0.038	62.17	16.71	11.52	7.183	2.417
10	0.038	61.78	16.94	11.57	7.240	2.468

资料来源：作者计算整理。

本书在第三章利用开放条件下的 IS-LM 模型对财政政策有效性进行了理论模型分析，进而在区分政府行为和民间行为的基础上，构建了是否加入财政政策变量的 VAR 模型，借此对我国财政政策的有效性进行了实证分析。从上述实证分析可以得出如下结论：从综合效果上看，我国财政政策能够增强宏观经济系统的稳定性和提高宏观经济系统抵御外部冲击的能力。但是由于我国财政政策对居民消费和民间投资的调控作用较弱，影响了财政政策作用效果的发挥。针对财政政策对居民消费和民间投资调控能力弱的问题，提出两点建议。

一是造成我国财政政策未能有效拉动居民消费的原因有很多。其一是政策缺陷，即政府推出的各种促进居民消费的财政政策的可行性与针对性缺乏可靠的依据、实施的力度不足；其二是与消费活动有关的体制性问题，这也是我国财政政策未能很好拉动居民消费的根本性原因，其中包括不合理的收入分配制度、社会保障制度的不完善等，这些体制性问题的存在使财政政策对居民消费的促进作用大打折扣。因此，居民消费的提高有待于收入分配制度、社会保障制度的进一步完善。首先，完善收入分配制度，建立与经济发展相适应的居民收入稳定增长机制，增强居民的消费能力。其次，进一步建立和完善城乡社会保障体系，并根据经济发展和各级财政承受能力，逐步提高社会保障水平。

二是造成我国民间投资渠道不畅的根本原因也是体制上的：一是政府垄断性行业对民营资本的准入门槛过高；二是资金短缺是困扰民间投资发展的瓶颈。因此，民间投资的增加有待于政府的思维转向和投融资体制的完善。首先，政府要转变思维，在大型基础设施建设方面和电力、邮政、石油、铁路、航空等垄断性行业中降低民营资本的准入门槛，适时引进民营资本，采取公共投资与民间投资合作的形式。其次，改进对民营企业的金融服务，鼓励金融机构对民间投资的融资服务，同时，借鉴国际经验，设立为民间投资服务的中小型金融机构。在直接融资方面，支持发展产业投资基金，推动基础设施投资资产证券化，鼓励民营企业向社会募集股份和发债。同时，适当放开中小企业债券市场。

第九章　财政政策之非凯恩斯效应检验

● 研究方法的选择和模型简介
● 数据处理和模型设定
● 实证结果分析

　　本书第三章中的财政政策非凯恩斯效应模型分析表明，我国财政政策对经济增长可能存在非凯恩斯效应。因此，本章将利用马尔科夫区制转移模型对这一假说进行实证检验的同时，检验在两种区制状态（凯恩斯效应和非凯恩斯效应）下我国财政政策对经济增长的区制总效应和区制分效应，并在此基础上分析非凯恩斯效应对财政政策有效性的影响。

第一节　研究方法的选择和模型简介

一、研究方法的选择

财政政策非凯恩斯效应问题的研究前提是要事先对财政政策非凯恩斯效应的存在区间进行定义和划分。尽管到目前为止，财政政策非凯恩斯效应的实证研究中定义和划分其存在区间的方法有两种，一是外生定义法，即利用基本结构预算余额、结构预算余额和国债或公共消费等指标对财政政策非凯恩斯效应的存在进行定义和划分，二是内生定义法——区制转移模型，即利用数据自动生成过程内生地识别财政政策的不同效应状态。与外生定义法相比，这种方法没有局限于事先定义和划分好的存在区间，因此，实证分析结果更具说服力。

由于目前学术界对财政政策非凯恩斯效应的产生原因及条件没有形成一致的结论，且外生定义法过于主观可能导致问题，如定义和划分的区间过多或忽略短的存在区间，尤其是长度一年的，因此，用外生定义法定义和划分财政政策非凯恩斯效应的存在区间缺乏说服力。为了能够避免定义和划分的区间过多或忽略短的存在区间等问题的出现，更准确地分析财政政策非凯恩斯效应的存在区间及其对财政政策有效性的影响，本书将采用内生定义法定义和划分财政政策非凯恩斯效应的存在区间，鉴于此，本书对我国财政政策非凯恩斯效应进行的实证分析将利用马尔科夫区制转移向量自回归模型（MS-VAR）。

二、模型简介

马尔科夫区制转移回归模型（Markov-switching Regression Model）最早由戈德费尔德和匡德（Goldfeld and Quandt，1973）引入计量经济领域。马尔科夫区制转移模型最早被应用到经济问题的研究上是由汉密尔顿（Hamilton，1989）进行的，而非线性的马尔科夫区制转移向量自回归（MS-VAR）模型是由 Krolzig（1997）在汉密尔顿研究的基础上提出的，即将马尔科夫区制转换模型与向量自回归模型结合起来。

随着时间的改变，变量可能改变其行为特征，如在不同状态之间转移，此时，使用回归系数不变的自回归模型就不能很好地体现变量间的因果关系，而允许回归系数可以随不可观测的区制变量发生变化的马尔科夫区制转移自回归模型便能更好地体现变量间的因果关系。因此，在马尔科夫区制转移自回归模型中，根据现实经济的特征，回归系数被设定为随经济系统的区制转移而变化的形式。

在马尔科夫区制转移自回归模型中，假设不同区制间的转移均服从一阶的马尔科夫链（Markov Chain），即当期的状态概率与更早的状态概率无关，而只和前一期的状态概率有关。不可观测的区制状态变量（s_t）对可观测的时间序列向量（y_t）的潜在数据生成过程具有重要影响。

假定存在 S 种区制状态，即 $s_t \in \{1, 2, \cdots\cdots, S\}$，且各区制间的转移均服从一个具有离散的时间和状态的马尔科夫随机过程，则区制转移概率可以定义为：

$$P_{ij}=P_r\ (s_{t+1}=j \mid s_t=i),\ \sum_{j=1}^{s} P_{ij}=1,\ \forall\, i,\, j \in \{1, 2, \cdots, S\} \tag{9.1}$$

则马尔科夫区制转移回归模型的转移概率矩阵为：

$$P=\begin{pmatrix} P_{11} & P_{12} & \cdots & P_{1S} \\ P_{21} & P_{22} & \cdots & P_{2S} \\ \vdots & \vdots & \vdots & \vdots \\ P_{S1} & P_{S2} & \cdots & P_{SS} \end{pmatrix} \tag{9.2}$$

对于 S 种区制、滞后 P 阶的均值调整的马尔科夫区制转移模型的形式，可记为：

$$y_t-\mu(s_t)= \sum_{i=1}^{p} A_i(s_t)(y_{t-i}-\mu(s_{t-i}))+\varepsilon_t \tag{9.3}$$

其中，（9.3）式表示可观测的时间序列向量的均值从一个区制状态瞬时跳跃式转移到另一个区制状态的模型形式 $\varepsilon_t \sim NID\ (0,\ \sum\ (s_t))$；$\mu(s_t)$，$\sum_{i=1}^{p} A_i(s_t)$，$\sum\ (s_t)$ 是依赖于区制变量 s_t 的可变参数，则：

$$\mu(s_t)=\begin{cases} \mu_1, & s_t=1 \\ \vdots & \\ \mu_s, & s_t=S \end{cases} \tag{9.4}$$

对于 S 种区制、滞后 P 阶的截距项调整的马尔科夫区制转移模型形式，可记为：

$$y_t=B(s_t)+\sum_{i=1}^{p} A_i(s_t)y_{t-i}+\varepsilon_t \tag{9.5}$$

其中，（9.5）式表示可观测的时间序列向量从一个区制平滑地转移到

另一个区制时的模型形式。$\varepsilon_t\sim NID$（0，$\sum(s_t)$）；$B(s_t)$，$\sum_{i=1}^{p} A_i(s_t)$，$\sum(s_t)$ 是依赖于区制变量 s_t 的可变参数，则：

$$B(s_t)=\begin{cases} B_1, & s_t=1 \\ \vdots & \\ B_s, & s_t=S \end{cases} \tag{9.6}$$

（9.3）式和（9.5）式是 MS-VAR 模型的两种不同形式，其中，MSM (s) -VAR (p) 表示均值调整形式，MSI (s) -VAR (p) 表示截距调整形式，这两种形式都描述了在区制变化时，对可观测变量的不同动态调整模式。

根据不同区制转移状态下，模型参数形式的不同，可以将 MS-VAR 模型归纳为如下几种，如表 9.1 所示。

表 9.1　MS-VAR 模型的形式

		MSM（均值依赖）	MSI(截距依赖)		
		均值可变	均值和截距不变	截距可变	截距不变
A_j不变	Σ不变	MSM-VAR	线性 VAR	MSI-VAR	线性 VAR
	Σ可变	MSMH-VAR	MSH-VAR	MSIH-VAR	MSH-VAR
A_j可变	Σ不变	MSMA-VAR	MSA-VAR	MSIA-VAR	MSA-VAR
	Σ可变	MSMAH-VAR	MSAH-VAR	MSIAH-VAR	MSAH-VAR

资料来源：2012 年吉林大学博士论文《开放经济条件下货币政策规则的理论模型与计量检验》。

表 9.1 中，MS 之后的字母 M 表示变量均值状态依赖，H 表示模型误差项异方差，A 表示模型回归参数状态依赖，I 表示模型截距项状态依赖。

一般似然函数估计法对 MS-VAR 模型进行估计，因此给定区制变量 (s_t) 及滞后内生变量 (y_{t-1})，则 $Y_{t-1}=(y'_{t-1},y'_{t-2},\cdots\cdots y'_1,\ y'_0,\ \cdots\cdots,\ y'_{1-p})$，$y_t$ 的条件概率密度函数可表示为：

$$P(y_t\mid s_t,Y_{t-1})=\ln(2\pi)^{-1/2}\ln|\textstyle\sum|^{-1/2}\exp\ \{(y_t-\overline{y_{st}})\ ^\prime \textstyle\sum_s^{-1}\ (y_t-\overline{y_{st}})\} \tag{9.7}$$

其中，在区制 s_t 状态下 y_t 的条件期望表示为 $\overline{y_{st}}=E\ [y_t\mid s_t,\ Y_{t-1}]$。

假设区制状态为 s_{t-1}，且信息在 $t-1$ 时刻具有可得性，那么 y_t 的条件密度服从混合正态分布：

$$P(y_t\mid s_{t-1}=i,Y_{t-1})=\sum_{s=1}^{S}P(y_t\mid s_{t-1},Y_{t-1})\Pr(s_t=s\mid s_{t-1}=i)$$

$$=\sum_{s=1}^{S}\sum_{i=1}^{S}P_{im}(\ln(2\pi)^{-1/2}\ln|\textstyle\sum_s|^{-1/2}\exp\ \{(y_t-\overline{y_{st}})\ \textstyle\sum_s^{-1}\ (y_t-\overline{y_{st}})\}) \tag{9.8}$$

设 $\xi_t=\begin{bmatrix} I\ (s_t=1) \\ \vdots \\ I\ (s_t=S) \end{bmatrix}$ 表示马尔科夫链的信息向量，于是有：

$$\mu(s_t)=\sum_{s=1}^{S}\mu_s I(s_t=s)=S\xi_t,\ \ S=\ [\mu_1,\ \cdots,\ \mu_s] \tag{9.9}$$

设 η_t 表示 y_t 关于 s_t 和 Y_{t-1} 的条件概率密度集，则有：

$$\eta_t=\begin{bmatrix} P\ (y_t\mid \xi_t=1,\ Y_{t-1}) \\ \vdots \\ P\ (y_t\mid \xi_t=S,\ Y_{t-1}) \end{bmatrix} \tag{9.10}$$

那么，（9.8）式可记为：$P\ (y_t\mid \xi_{t-1},\ Y_{t-1})\ =\eta_t P'\xi_{t-1}$。在给定信息集 (Y_τ) 的情况下，发生区制 S 的概率记为 $\xi_{st\tau}$，S 个区制的概率信息集记为：

$$\hat{\xi}_{t\tau}=\begin{bmatrix} Pr\ (s_{t=1}|Y_\tau) \\ \vdots \\ Pr\ (s_{t=s}|Y_\tau) \end{bmatrix} \tag{9.11}$$

$\hat{\xi}_{t\tau}$ 表示给定 Y_τ 后 ξ_t 的条件概率分布，也表示给定 Y_t 后 ξ_t 的条件均值。

$$E[\xi_{mt}]=Pr(\xi_{mt}=1)=Pr(s_t=s) \tag{9.12}$$

因此，给定信息集 Y_{t-1}，则 y_t 的条件概率密度可记为：

$$P(y_t\mid Y_{t-1})=\int P\ (y_t,\ \xi_{t-1}\mid Y_t-1)\ d\xi_{t-1} \tag{9.13}$$

$$=\int P(y_t\mid \xi_{t-1},Y_t-1)Pr(\xi_{t-1}\mid Y_t-1)d\xi_{t-1}$$

$$=\eta_t\rho\,\hat{\xi}_{t-1|t-1}$$

那么，根据（9.13）式，所有样本的条件概率密度可做类似推断，在状态 ξ 下，所有样本的条件概率密度可记为：

$$P(Y|\xi)=\prod_{t-1}^{T}P(y_t\mid\xi_t,Y_{t-1}) \qquad\qquad (9.14)$$

样本观测值和状态区制的联合概率分布可由下式计算：

$$P(Y|\xi)=P(Y|\xi)Pr(\xi)=\prod_{t-1}^{T}P(y_t\mid\xi_t,Y_{t-1})\ \prod_{t=2}^{T}Pr(\xi_t|\xi_{t-1})Pr(\xi_1) \qquad (9.15)$$

所以，Y 的非条件概率密度可通过边缘密度函数给出：

$$P(Y)=\int P(Y,\xi)d\xi \qquad\qquad (9.16)$$

马尔科夫区制转移自回归模型中的参数及马尔科夫链中不可观测的区制转移概率，可以通过此迭代法计算得出。

第二节　数据处理和模型设定

一、数据处理

本章选取 1978~2011 年的中国政府支出、政府税收和国内生产总值的年度数据作为样本，其中政府支出和政府税收作为财政政策的代理变量。为消除价格波动对研究结果的影响，本章将以 1978 年的不变价格（1978 年=100）对所有序列进行调整。本章的原始数据来源于《中国统计年鉴 2012》和《中国发展报告 2012》。

在建立 MS–VAR 模型之前，要保证样本数据的平稳性。本章选取 SIC 标准，利用 Eviews7.0 中的 ADF 单位根检验法对所有数据进行单位根检验，检验结果显示，在 5%的显著性水平下，所有变量都是非平稳序列，检验结果如表 9.2 所示。在此基础上，对所有序列进行 Johansen 协整检验，检验结果如表 9.3 所示，在 5%的显著性水平下变量间存在一个协整关系。如果非平稳序列存在协整关系，那么，可以建立 MS–VAR 模型，因此，本章将使用所有变量的年变化量作为 MS–VAR 模型估计的样本。

表 9.2　序列的 ADF 单位根检验

变量名称	ΔGDP_t	Δg_t	ΔT_t
ADF 检验的 t 值	0.793529	4.960489	1.692420
概率 p 值	0.9923	1.0000	0.9994
结论	非平稳	非平稳	非平稳

资料来源：作者整理。

表 9.3　Johansen 协整检验

原假设	特征值	迹统计量	临界值（5%）	概率
不存在协整关系 *	0.681600	41.14605	29.79707	0.0016
存在 1 个协整关系	0.238303	7.957127	15.49471	0.4700
存在 2 个协整关系	0.002175	0.063133	3.841466	0.8016

注：* 表示在 5%的置信水平下拒绝原假设。

二、模型设定

本节将马尔科夫区制转移模型的单变量形式扩展为多变量的形式，即向量形式，从而得到下述马尔科夫区制转移向量自回归模型。假设模型的向量为 $X_t=$（ΔGDP_t，Δg_t，ΔT_t），其中，ΔGDP_t 表示 t 期国内生产总值的年变化量；Δgt 表示 t 期政府支出的年变化量；ΔT_t 表示 t 期政府税收的年变化量。[1]

结合经济理论和所要分析的问题，本节假设模型存在两种区制状态（凯恩斯效应和非凯恩斯效应），即 S=2，即向量 X_t 满足 MS（2）-VAR（p）。由于本章要分析两种区制状态下财政政策对经济增长的区制总效应和区制分效应，因此，根据要研究的具体情况选择两类模型形式，第一类为总效应模型，即选择系数不可变的模型形式，如 MSM-VAR、MSI-VAR、MSH-VAR、MSMH-VAR 和 MSIH-VAR 等；第二类为区制分效应，即选择区制系数可变的模型形式，如 MSA-VAR、MSMA-VAR、MSIA-VAR、MSAH-VAR、MSMAH-VAR 和 MSIAH-VAR 等。对于满足上述 MS（2）-

157

———

[1]变量的选择源于本书所要研究的是政策变量调整对经济增长的影响,故选择年变化量。

VAR (p) 形式的多变量模型的估计也将采用极大似然法 (即 EM 算法) 来实现。

MS-VAR 模型形式的确定是进行 MS-VAR 模型估计的前提。一是要确定滞后阶数 P。根据 AIC、SC 和 HQ 判断准则,笔者确定最适的滞后阶数,由表 9.4 可知,这三个准则同时在滞后一阶时取值最小,因此取滞后一阶为最优选择,因此本节选择估计模型为 MS (2) -VAR (1)。

表 9.4　滞后阶数的判断

滞后阶数	AIC	SC	HQ
0	45.11469	45.25481	45.15951
1	42.40213*	42.96261*	42.58143*
2	42.71388	43.69472	43.02766
3	42.89142	44.29262	43.33968

注: * 表示最适合的滞后阶数。

二是要判断最佳的 MS-VAR 模型的形式。通过 AIC 值、SIC 值和 LR Linearity 值来判断,具体值如表 9.5 和表 9.6 所示。从表 9.5 中可以看出,由于 MSH (2) -VAR (1) 模型的 LR Linearity 统计量显著,且 AIC 值和 SIC 值最小,因此,有关财政政策对经济增长的区制总效应这一问题的研究,本节选择 MSH (2) -VAR (1) 模型,此模型对应于两种状态,均值和系数不变,误差项随区制发生变化。

表 9.5　区制总效应的最佳 MS-VAR 模型选择

模型	AIC	SC	LR Linearity
MSM(2)-VAR(1)	42.7596	43.8131	3.6980
MSMH(2)-VAR(1)	42.2900	43.6183	30.7275**
MSH(2)-VAR(1)	42.0423*	43.2332*	32.6524**
MSI(2)-VAR(1)	42.4831	43.5366	12.5481**
MSIH(2)-VAR(1)	42.4350	43.7633	26.0861**

注: ** 表示 LR Linearity 统计量显著。

从表 9.6 中可以看出，MSAH (2) -VAR (1) 模型的 LR Linearity 统计量显著，且 AIC 值和 SIC 值最小，因此，有关财政政策对经济增长的区制分效应这一问题的研究，本节选择 MSAH (2) -VAR (1) 模型，此模型对应于两种状态，均值不变，回归系数和误差项都随区制发生变化。

表 9.6　区制分效应的最佳 MS-VAR 模型选择

模型	AIC	SC	LR Linearity
MSA(2)–VAR(1)	42.5279	43.8562	23.1141**
MSAH(2)–VAR(1)	42.0729*	43.6761*	49.6723**
MSMA(2)–VAR(1)	49.7645	51.2303	−202.4586
MSMAH(2)–VAR(1)	50.1395	51.8801	−202.4586
MSIA(2)–VAR(1)	42.2983	43.7641	36.4600**
MSIAH(2)–VAR(1)	42.1664	43.9069	52.6826**

注：** 表示 LR Linearity 统计量显著。

第三节　实证结果分析

在对数据进行平稳化检验处理、滞后阶数和最佳模型确定后，就可以进行模型参数估计了，本章采用 GiveWin2.3 平台下的 Ox 软件中的 MSVAR 软件包，利用极大似然估计法（EM 算法）进行参数估计，分别得到方程中的常数项和各系数，在区制总效应和区制分效应下的估计结果，如表 9.7 和表 9.8 所示。

表 9.7　区制总效应的估计结果

变量	系数	标准差	t 值
const	181.324551	128.9736	1.4059
ΔGDP_{t-1}	1.113141	0.1231	9.0402
Δg_{t-1}	0.108421	0.7539	0.1438
ΔT_{t-1}	−0.588342	0.4122	−1.4274
SE(Reg.1)	558.106327		
SE(Reg.2)	417.142473		

资料来源：根据软件回归结果，作者整理。

由表 9.7 可知，MSH（2）–VAR（1）模型的伴随概率值 Chi（6）= [0.0000] **、Chi (8) = [0.0001] **，其非线性检验 LR 统计量为 32.6524，这说明该模型的回归结果显著。从回归结果来看，我国政府支出变量的系数估计结果不太显著，税收变量的系数估计结果较为显著，这说明，我国政府支出变量对经济增长的总效应不明显，而税收变量对经济增长的总效应相对明显，因此，综合来看，我国财政政策变量对经济增长的总效应相对较差，即财政政策效果较不理想。

表 9.8　区制分效应的估计结果

变量	区制 1			区制 2		
	系数	标准差	t 值	系数	标准差	t 值
const	269.7593	107.6841	2.5051	269.7593	107.6841	2.5051
ΔGDP_{t-1}	0.01444	0.2181	0.0662	1.2780	0.1365	9.3648
Δg_{t-1}	4.322815	1.0183	4.2453	−0.42551	1.0098	−0.4214
ΔT_{t-1}	−0.06537	0.3696	−0.1769	−0.9716	0.7179	−1.3534

资料来源：根据软件回归结果，作者整理。

由表 9.8 可知，MSAH（2）–VAR（1）模型的伴随概率值 Chi（15）= [0.0000] **、Chi (17) = [0.0000] **，其非线性检验 LR 统计量为 49.6723，这说明该模型的回归结果总体显著，我国财政政策中的政府支出在 1978~2011 年间存在非凯恩斯效应，而税收在 1978~2011 年间不存在非凯恩斯效应。

从表 9.8 中可以看出，我国财政政策效应明显可分为两个区制，在区制 1 中，政府支出变量与产出变量呈正相关关系，即增加政府支出将增加产出，且政府支出变量系数的估计结果比较显著，这说明在区制 1 中政府支出的增加对经济产生明显的扩张效应，即政府支出变量具有明显的凯恩斯效应。而税收变量与产出变量呈负相关关系，即增加税收将减少产出，但由于税收变量系数的估计结果不显著，因此，我国财政政策在区制 1 中主要是靠支出政策起作用，这符合我国的实际情况。上述分析表明，无论是特殊时期我国实施扩张或紧缩的财政政策，还是正常时期我国实施稳健性财政政策，在区制 1 中都具有较为明显的凯恩斯效应。在区制 2 中，政府支出变量、税收与产出变量呈负相关关系，即增加政府支出和税收将减少产出，但由于政府支出变量系数的估计结果不显著，且税收变量系数的估计结果较为显著，因此，在区制2中，政府支出对经济的调节作用很小，税收对经济的调节作用较强。上述分析表明，由于在扩张性财政政策中税收的正作用被政府支出的副作用抵消掉一部分，因此，在特殊时期我国实施的扩张性财政政策，在区制2中呈现弱凯恩斯效应；由于紧缩性政策中的税收和政府支出对产出都有副作用，因此，在特殊时期我国实施的紧缩性财政政策，在区制2中具有非凯恩斯效应；由于正常时期我国实施的稳健性财政政策主要是在控制总量的情况下，调整经济结构，且根据贾瓦齐和帕加诺（Giavazzi and Pagano，1996）的分析，只有财政调整的幅度较大和时间较长时才会出现非凯恩斯效应，因此，在正常时期我国实施的稳健性财政政策，在区制2中具有凯恩斯效应。

161

　　对比表9.7和表9.8可以看出，若只考虑区制1的情况，则财政政策对经济增长具有明显的影响作用；若考虑两区制都存在的情况下，财政政策对经济增长的影响作用被减弱了，这说明财政政策对经济增长的影响作用，会由于非凯恩斯效应的存在而受影响，即非凯恩斯效应会降低财政政策的有效性。然而，非凯恩斯效应对财政政策有效性的影响，与非凯恩斯效应的产生概率和持续期长短的影响。接下来，将对我国财政政策非凯恩斯效应的产生概率和持续期长度进行分析，如表9.9和表9.10所示。

表9.9　财政政策效应转移概率矩阵

	凯恩斯效应	非凯恩斯效应
凯恩斯效应	0.8315	0.1685
非凯恩斯效应	0.1939	0.8061

资料来源：根据软件回归结果，作者整理。

　　由表9.9可知，当本期财政政策处在凯恩斯效应区时，下期维持凯恩斯效应区的概率为0.8315；当本期财政政策处在凯恩斯效应区时，下期转换为非凯恩斯效应区的概率为0.1685。当本期财政政策处在非凯恩斯效应区时，下期维持非凯恩斯效应区的概率为0.8061；当本期财政政策处在非凯恩斯效应区时，下期转换为凯恩斯效应区的概率为 0.1939。总体来看，我国财政政策产生非凯恩斯效应的概率要低于凯恩斯效应的概率，即我国财政政策对经济增长产生正向作用的概率。

表 9.10　财政政策效应的平均概率和持续期

	持续期	平均概率	平均持续期
凯恩斯效应	18.5	0.5781	5.16
非凯恩斯效应	13.5	0.4219	5.94

资料来源：根据软件回归结果，作者整理。

由表 9.10 可知，我国财政政策产生凯恩斯效应的平均概率为 57.81%，即其持续期占整个周期长度为 57.81%，平均持续期为 5.16 年；而我国财政政策产生非凯恩斯效应的平均概率为 42.19%，其持续期占整个周期长度为 42.19%，平均持续期为 5.94 年。由于我国财政政策产生凯恩斯效应的平均概率和持续期都远大于非凯恩斯效应，这说明非凯恩斯效应不至于成为我国财政政策的主效应，即财政政策总体上是有效的，呈现凯恩斯效应。

根据模型回归结果得到各区制的存在区间，如表 9.11 所示。

表 9.11　财政政策效应的区制划分

区制2	1980～1984[0.9082]
	1986～1994[0.9949]
	1997～2001[0.9610]
区制1	1985～1985[1.0000]
	1995～1996[0.9976]
	2002～2011[1.0000]

资料来源：根据软件回归结果，作者整理。

由于扩张性财政政策在区制 2 中具有弱凯恩斯效应，紧缩性财政政策在区制 2 中具有非凯恩斯效应，且由于 20 世纪 90 年代中期以前，我国主要实施的是紧缩性政策，而之后实施的是扩张性财政政策，因此，根据上述分析和各区制存在区间的划分，得出我国财政政策效应的存在区间，如表 9.12 所示。

表 9.12 财政政策效应的存在区间划分

非凯恩斯效应区	1980～1984[0.9082]
	1986～1994[0.9949]
凯恩斯效应区	1985～1985[1.0000]
	1995～1996[0.9976]
	1997～2001[0.9610]
	2002～2011[1.0000]

资料来源：根据软件回归结果，作者整理。

从表 9.12 中可以看出，我国财政政策的效应分为明显的凯恩斯效应区和非凯恩斯效应区。20 世纪 90 年代中期以前，我国财政政策主要产生的是非凯恩斯效应。其中，1984 年以前，由于我国经济处于严重的"短缺"状态，因此，1984 年以前我国财政政策都具有非凯恩斯效应；1984 年以后，由于我国加快了由计划经济向市场经济转型的步伐，市场在经济中的作用有所增强，但此时，我国经济仍然没有摆脱短缺的状态，在经济中占主导地位的仍然是计划经济成分，且从 1985 年开始，我国劳动力过度供给和过度需求交替出现①，因此，在 1986~1994 年间，我国财政政策也具有非凯恩斯效应，从本书第三章的理论模型推导中，也可以得出相同的结论；20 世纪 90 年代中期以后，我国财政政策主要产生的是凯恩斯效应。其中，2002 年以前，由于我国市场化程度越来越高，我国商品市场的短缺状态得到改善，开始向过剩经济状态转变，然而由于我国交通不发达，且存在劳动力流通的限制，商品主要集中在城市，劳动力大量集中在农村。同时，由于受到亚洲金融危机的影响，我国开始实施积极的财政政策，增

---

①张世英,李忠民.非均衡经济计量建模与控制[M].天津:天津大学出版社,2002.70.

加政府支出建设基础设施。但是，由于基础设施的建设需要时间，且在这期间，我国政府支出对经济增长具有非凯恩斯效应，因此，在1997~2001年间，我国的积极财政政策在带动居民消费和私人投资方面的效果不是很大，具有弱凯恩斯效应；2002年以后，随着前一阶段我国基础设施建设的完成，交通发达和劳动力限制得到改善，我国经济才真正走出短缺经济状态，向过剩经济状态转变，此时，我国经济进入商品市场供过于求，劳动市场存在失业的状况，因此，自2002年以来，我国财政政策的凯恩斯效应非常显著。

我国财政政策凯恩斯效应和非凯恩斯效应的区制平滑概率，如图9.1和图9.2所示。

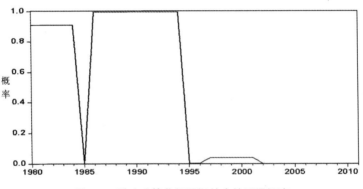

图9.1 财政政策非凯恩斯效应的平滑概率

从图9.1中可以看出，我国财政政策在1980~1984年和1986~1994年间具有显著非凯恩斯效应，在此期间，财政政策产生非凯恩斯效应的概率分别为0.9082和0.9949，接近于1，而产生凯恩斯效应的概率分别为0.0918和0.0052，接近于0。从图9.2中可以看出，我国财政政策在1985~1985年、1995~1996年、1997~2001年和2002~2011年间具有凯恩斯效应，在此期间，财政政策产生凯恩斯效应的概率为1、0.9976、0.961和1，接近于1，而产生非凯恩斯效应的概率分别为0、0.0024、0.039和0，接近于0。

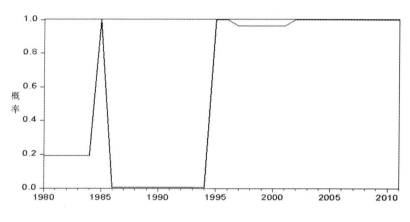

图 9.2　财政政策凯恩斯效应的平滑概率

　　上述分析表明，我国财政政策具有明显的非线性效应，这对评价和指导我国财政政策实践具有重要意义。当政府实施财政政策时，首先应当判别财政政策是否具有非线性效应，以及其凯恩斯效应和非凯恩斯效应产生的区间；其次在明确其凯恩斯效应和非凯恩斯效应产生区间的基础上，根据不同效应区间的特点，分别实施不同的政策。例如，当财政政策处于非凯恩斯效应区间内时，扩张性的财政政策会对经济产生紧缩效应，此时，政府不能一味地通过增加政府支出来促进经济增长，这样不但不能实现预期目标，反而扩大赤字规模，增加政府负担，因此，在此区间时，若要促进经济增长，政府应减少支出，提高税收；反之，当财政政策处于凯恩斯效应区间内时，扩张性财政政策对经济产生扩张效应，此时，政府应通过扩大支出和减少税收的方式促进经济增长。自 1995 年以来，我国财政政策一直处于凯恩斯效应区制内，这说明，为应对 1998 年的亚洲金融危机和 2008 年的国际金融危机，我国采取的扩张性财政政策是正确的。

　　从对上述实证结果的分析来看，我国财政政策的效应确实受到了非凯恩斯效应的影响，然而，由于我国非凯恩斯效应的存在区间，只存在于 20世纪 90 年代中期以前，之后，我国财政政策一直具有凯恩斯效应，且由于非凯恩斯效应的存在区间明显短于凯恩斯效应的存在区间，因此，非凯恩斯效应对我国财政政策有效性的影响有限，尽管有学者认为我国劳动力供过于求的状况即将改变，逐渐转向有限剩余、结构性短缺的状况，且在劳动力转移受到限制的情况下，我国城市的劳动力短缺现象最迟到 2009 年将会出现（蔡昉，2005）。然而，从实证结果来看，我国目前还没大范围出现上述情况，因此，我国目前还处在凯恩斯效应区，此时扩张性财政政策的继续实施能够促进经济增长，扩大凯恩斯效应的持续期，提高财政政策总效应，但是，要警惕劳动力短缺现象的出现，避免再次进入非凯恩斯效应区。

第十章　实证结论与政策优化建议

● 实证结论
● 关于优化我国财政政策的主要对策建议

　　有关财政政策有效性及非凯恩斯效应问题的研究，我国尚处于初级阶段，还需要更深入地研究许多问题。由于研究时间和篇幅的限制，本书只是提出了一种基本框架和研究思路，对财政政策有效性的研究仅从财政政策对经济增长的乘数效应角度进行，对非凯恩斯效应的研究只是从其对财政政策有效性是否有影响和存在区间的角度进行了分析，而没有对财政政策非凯恩斯效应对财政政策有效性的具体作用机制和影响大小进行更为详细的分析。因此，本书某些结论可能存在着论证不足的问题，这些不足将在笔者今后的研究中逐步加以克服。

　　本书研究我国的财政政策之"非凯恩斯效应"，解释其发生原因，不仅为我国政府宏观经济调控政策选择提供了重要依据，而且为评价包括财政政策在内的各类有关政策的一般效果，提供了新的视角或依据，同时为优化我国财政政策提出了一系列对策建议。

第一节　实证结论

有关财政政策有效性及非凯恩斯效应问题的研究，我国尚处于初级阶段，还需要更深入地研究许多问题。由于研究时间和篇幅的限制，本书只是提出了一种基本框架和研究思路，对财政政策有效性的研究仅从财政政策对经济增长的乘数效应角度进行，对非凯恩斯效应的研究只是从其对财政政策有效性是否有影响和存在区间的角度进行了分析，而没有对财政政策非凯恩斯效应对财政政策有效性的具体作用机制和影响大小进行更为详细的分析。因此，以下某些结论可能存在着论证不足的问题，这些不足将在笔者之后的研究中逐步加以克服。

通过对我国改革开放以来财政政策有效性的现实分析和实证分析，笔者得出如下一些重要结论：第一，改革开放以来，我国政府实施的财政政策总体上是基本有效的，这主要表现在以下两个方面：一是财政政策对经济增长具有正的乘数效应。从财政政策的 IS–LM 检验结果中可以看出：在静态分析下，我国财政政策的乘数值围绕 4 上下波动；在动态分析下，我国财政政策乘数在 2 以下波动。尽管由于本书静态实证模型中将国内生产总值作为自变量加入投资函数中，致使静态分析下，我国财政政策的乘数值被放大了，但无论是在静态分析还是在动态分析的情况下，1998 年以来，我国的财政政策乘数都是在下降的，由于下降速度较为缓慢，所以直到 2011 年，我国的财政政策乘数值均大于零，由此说明，我国财政政策对经济增长具有正的乘数效应。二是财政政策变量对经济增长的总效应表现出凯恩斯效应。从区制总效应的估计结果来看，作为自变量的我国财政支出总量，其对国内生产总值作用系数为正，而税收变量对国内生产总值的作用系数为负，这表明，扩张性财政政策对经济增长具有促进作用，而紧缩性财政政策对经济增长具有抑制作用，由此说明，我国财政政策变量对经济增长的总效应表现出凯恩斯效应，即财政政策能够根据宏观经济需要调节经济。

第二，利用状态空间模型估计我国居民边际消费倾向、投资的利率弹性、净出口的利率弹性，以及 IS 和 LM 曲线斜率的可变参数序列，从而大体计算出动态分析下，我国财政政策乘数之变动范围在 0.2~2.5 之间。研究结果表明，改革开放以来，我国居民边际消费倾向在 0.4~0.66 之间波动，且随着我国经济的发展，居民收入水平的提高，我国居民的边际消费倾向缓慢降低，这符合经济发展的规律；我国投资的利率弹性不断增加，且趋于稳定，1996 年以后，随着我国市场化程度的提高，我国利率对投资的调节作用不断增强，我国投资的利率弹性呈缓慢平稳的直线式增加，且增加幅度越来越小；我国净出口的利率弹性围绕零点上下波动，时而出现大幅波动，由于我国市场化程度不高，利率和汇率的传导机制受阻，所以我国利率对净出口的调节作用很小。以上分析表明，以 IS-LM 模型表示的我国财政政策、货币政策实施的宏观环境基本正常。不过，模拟的 IS 曲线形状较为陡峭，而 LM 曲线形状较为平缓，且有关分析表明，随着时间推移，投资的利率弹性不断增加，而净出口的利率弹性呈波动变化趋势，这会使得 IS 和 LM 曲线斜率发生相应变化，以致我国财政政策乘数呈波动变化趋势。

　　第三，利用 H-P 滤波法对我国财政政策与经济波动之间的影响关系展开实证分析。分析结果表明，20 世纪 90 年代中期以前，我国经济波动剧烈，波动周期持续时间较短，这是由于我国在改革开放初期，经济出现过热，就实施紧缩性财政政策，而一旦经济稳定，便加快改革步伐，如此频繁地变动政策，使我国经济如"过山车"般时上时下；20 世纪 90 年代中期以后，我国经济波动平缓，波动周期持续时间较长，这是由于我国开始注重财政政策操作力度和连续性，使我国经济平稳高速增长。由此可以得出，由于相机抉择的财政政策常会要求政府根据宏观经济状况适时地调整财政支出规模和结构，这些政策的频繁变动无疑是导致宏观经济不稳定、加大经济波动、影响财政政策效力发挥的原因之一。因此，只有保持财政政策实施的一定连续性和稳定性，才能减少财政政策频繁变化本身对宏观经济稳定所带来的不利影响，尤其是在"逆商业周期而动"的财政政策运用中，更需注意操作力度和方式，一般情况下应该以"渐进"方式为主。

　　第四，关于财政政策非凯恩斯效应的研究，实证结果表明，我国实施的财政政策确实呈现出某些非凯恩斯效应，且对我国财政政策的有效性产生不利影响。不过，应该看到，1978 年以来，不同时期观察到的"非凯恩斯效应"均有各自原因。例如1980~1984年和1986~1994年间出现的"非凯恩斯效应",主要源于此前长期实行的"计划经济"影响。再如1997~2001年间,我国财政政策总体呈现"弱凯恩斯效应",税收具有"凯恩斯效应",而政府支出具有"非凯恩斯效应",则主要源于我国市场化程度不高,基础设施不完善,劳动力迁徙受到限制等因素的制约作用。当然,21世纪以来,我国市场机制日趋完善,社会经济也逐渐从历史上的"短缺经济"转而形成"过剩经济"。此后,即2002~2011年间,我国财政政策呈现出"凯恩斯效应",则主要源于我国市场化程度的提高,劳动力迁徙限制的放开,以及商品经济繁荣等因素的作用。肯定地讲,关注我国的财政政策之"非凯恩斯效应",解释其发生原因,不仅为我国政府宏观经济调控政策选择提供了重要依据,也为评价包括财政政策在内的各类有关政策的一般效果,提供了新的视角或依据。

第二节　关于优化我国财政政策的主要对策建议

目前,中国经济还面临着前所未有的挑战,既要抑制通胀,又要保持来之不易的经济增长势头,更要抓住机遇调整经济结构以及扩大内需,发挥财政政策对经济结构的调整作用。基本经济形势预示着我国政府在未来一段相当长的时期内,还将继续施行积极的财政政策(王志刚,2012)。不过,笔者注意到,我国未来的积极财政政策应该满足"逆经济周期调节"和"推进经济结构调整"双重需要,同时兼顾"稳定经济增长""优化经济结构""控制物价水平过快上涨",以及"防范金融风险""控制公债规模"等多重目标。上述"双重需要"和"多重目标"形成的客观约束,不仅给未来财政政策制定者带来政策选择上的多重"掣肘"因素,而且也是对经济学研究者,特别是对公共财政理论研究提出的重大挑战。对此,笔者希望在本书所做的理论与实证分析基础上,提出如下关于优化我国财政政策的主要对策建议。

一、努力保持适中的财政政策乘数

根据第七章实证对我国财政政策乘数的测算结果显示,静态分析下的我国财政政策乘数被放大了,动态分析下的我国财政政策乘数较符合我国的实际国情，然而无论是静态还是动态分析，都表明我国财政政策乘数在下降，因此，应该通过完善收入分配制度、社会保障体系来调节影响财政政策乘数的居民消费倾向。同时，进一步扩大我国利率市场化的程度和推进人民币汇率形成机制改革来建立货币政策调控的灵活传导机制，实现货币政策对投资和净出口的利率弹性的有效调节，达到保持适中的财政政策乘数，维持财政政策的长期有效性的目标。

第一，完善收入分配制度，兼顾社会公平。一是合理调整收入分配关系，建立合理的收入分配秩序，提高劳动报酬在初次分配中的比重。同时，政府要加强其在收入分配领域的宏观调控作用，尤其是在公共服务领域，应当充分考虑到公共服务在缓解贫富差距中的重要作用，有重点有步骤地帮扶贫困和欠发达地区，扭转"起点"不公平的现象。二是完善政府的财税职能，加大再分配的力度。由于初次分配难以做到完全兼顾效率和公平，因此，再分配的过程中，政府要充分利用各种手段，在公平优先原则的前提下，进行宏观调控。在税收征管方面，要综合考虑家庭负担、地区差异等因素，税种设置上应倾向于直接税，如房产税、遗产税等（龙玉其，2011）。加强对高收入群体的税收征管，充分发挥税收的收入分配调节作用。此外，还应通过政府财政转移支付职能的完善，平衡不同地区间的收入差距。三是扩大中等收入者的比重。政府应制定政策破除制度性障碍，创造条件帮助低收入阶层增收，建立中等收入者比重持续扩大的稳定机制，逐步形成"橄榄形"的分配格局，即高收入和低收入占少数，中等收入占大多数，使人民共享经济发展带来的成果，这是收入分配制度改革的重要举措。

第二，建立覆盖城乡、全面共享的社会保障体系。由于我国社会保障制度还处于初级阶段，很多制度设计和实践操作都还不够完善，社会保障的调节作用难以充分发挥，因此，我国社会保障制度还需在扩大覆盖面、制度设计和补偿机制等环节加以完善。一是在坚持公平优先的原则下，逐步建立全民共享、基础整合、城乡统筹、权利与义务相结合、普惠与差别相结合、管理相对统一的社会保障体系。二是社会保障覆盖面的扩大需要重点突破，尤其是对残疾人、边缘贫困群体、农民工、流动人口、非正规就业人员等人群的社会保障有待加强。应该通过转移支付支持中西部地区发展社会保障事业，对于贫困县区、革命老区、老少边穷地区，需要加强

171

中央财政的投入（蔡昉，2003）。三是农村社会保障是当前社会保障发展的弱点，因此，在今后的一段时期内，完善农村各项社会保障制度需要从城乡统筹的角度出发，扩大农村社会保障的覆盖面，提高保障水平，缩小与城市社会保障的差距。此外，还应该从法律、税收、舆论等方面支持慈善事业的发展，达到改善收入分配的目的。

第三，进一步提高我国利率市场化的程度。一是稳步发展货币市场，理顺货币政策传导机制，推进利率市场化进程。加强国债回购、票据以及拆借市场之间的联系，以使各子市场之间的利率关联度有所提高。降低货币市场的准入门槛，逐步开放货币市场，同时，开发创新金融产品，增加交易品种，扩大交易规模。要建立权威的资信评估机构，为货币市场交易各方提供融资决策参考；二是加快市场基准利率的培育。自 2007 年以来，我国货币市场的基准利率基本确立为 Shibor[①]（易纲，2009）。商业银行内部资金定价和一些市场化产品定价已实现与其挂钩，有必要进一步推动其他存款类和贷款类产品的定价与其挂钩。同时，在多个基准利率同时存在的情况下，明确再贷款利率和再贴现利率与 Shibor 之间的关系，实现动态调整，有效发挥其在利率体系中的基准利率作用，为利率市场化的推进创造了有利条件；三是加强信贷市场的金融监管。金融机构之间的竞争会由于利率市场化影响变得更为激烈，多样化竞争手段也因此产生，这就需要更大的金融监管力度。为避免由利率放开而引发的社会问题，适应利率市场化的信贷市场监管体系应为中央银行等金融监管部门所建立。同时，为维护正常的信贷市场秩序，银行业自律组织的作用要充分发挥，利用其自我约束和自我管理机制协调和引导商业银行的定价行为。

第四，进一步推进人民币汇率形成机制改革，完善汇率制度。一是明确汇率目标区，逐步扩大有管理浮动汇率的浮动范围，增加人民币汇率调节的灵活性；二是降低主要贸易伙伴国的货币在我国一篮子货币中的比重，应把主要资本交易货币都纳入篮子中。在目前的货币篮子的构成中，应逐渐淡化美元在一篮子货币汇率制中的作用，强化欧元和日元的作用。

---

①Shibor 全称是"上海银行间同业拆放利率"（Shanghai Interbank Offered Rate, SHIBOR），被称为中国的 LIBOR（London Interbank Offered Rate，伦敦同业拆放利率），自 2007 年 1 月 4 日正式运行。Shibor 是由信用等级较高的银行组成报价团自主报出的人民币同业拆出利率计算确定的算术平均利率，是单利、无担保、批发性利率。详见：http://www.shibor.org/shibor/web/html/index.html

同时,还应增加与我国对外投资息息相关的资源类国家如俄罗斯、巴西、澳大利亚和加拿大四国货币在篮子中的权重;三是健全和完善外汇市场,减少货币当局对外汇市场的干预,尽快实现市场化的人民币汇率机制(孙立行,2010)。

二、长期维持适宜的财政政策(货币政策)实施环境

据统计,我国人均国内生产总值从 2002 至 2011 年以来增长缓慢,这意味着中国已进入世界银行所说的容易落入"中等收入陷阱"发展阶段,对于处在这一发展阶段的中国来说,如果不能有效解决快速发展中积聚的矛盾,转变经济发展方式,找到新的增长动力,经济就会陷入长期停滞。对此,国务院发展研究中心发展战略和区域经济研究部研究员刘培林就曾指出,国际经济环境已发生重要变化,金融危机后发达国家进行了结构性改革,新的技术革命正在孕育。与此同时,全人类正面临气候变化、全球经济格局调整、全球化等挑战,所有这些因素都要求中国全面深化经济体制改革。[1]因此,要长期维持适宜的政策实施环境,使财政政策(货币政策)持续发挥效力,就要加快我国财税体制改革,深化金融体制改革,优化经济结构,发展创新产业,培育新的消费增长点。

第一,必须加快政策转型,政策取向主要是从扩大支出转向结构性减税[2]。政府相关部门应加快推进营业税改征增值税试点工作,抓紧研究交通运输业和部分现代服务业在全国试点的方案,适时将邮电通信、铁路运输、建筑安装等行业纳入试点范围。同时,落实好支持小微型企业发展的各项财税政策,对消费税税率结构、征收范围和征收环节进行合理调整。完善稳定出口政策,降低能源、资源、原材料等产品的进口关税,对先进技术设备和关键零部件实施较低的进口暂定关税。完善和落实促进战略性新兴产业、流通业等发展的税收优惠政策,研究支持实施创新驱动发展战略的税收政策,制定促进农业科技应用等税收政策,运用税收手段支持鼓励科技进步和自主创新。对不合理、不合法的收费项目继续清理,对偏高的收费标准予以降低,减轻企业和社会负担,推动调整经济结构。

---

①资料来源:http://news.xinhuanet.com/18cpcnc/2012-11/13/c_113675230.htm
②高培勇.2013:积极财政政策"路线图"[N].人民日报,2012-1-21(007).

　　第二，进一步优化财政支出结构，加大对教育、公共文化、医疗卫生、社会保障就业和保障性安居工程等的支持力度，将切实保障和改善民生作为工作重点。具体来看，将完善强农惠农富农财税政策，拓宽农民增收渠道，增加农业水利的投入；严格落实财政教育经费法定增长要求，重点加强教育经费使用管理，支持农村学前教育加快发展；提高新农合和城镇居民医保财政补助标准，支持开展城乡居民大病保险试点，适当提高城乡居民最低生活保障标准；稳步推进机关事业单位养老保险制度改革，建立研究企业退休人员基本养老金正常调整机制；继续大力支持保障性安居工程建设等。

　　第三，加强和改善金融宏观调控，深化金融体制改革。一是深化金融机构改革，推进国有商业银行改革，建立具有国际竞争力的现代股份制银行体系。加快邮政储蓄机构等其他金融机构的改革，发展多种所有制金融机构。目前我国金融业改革还处在起步阶段，若金融业进一步开放，我国金融机构将面临巨大压力，因此，加快现代银行制度的建立，对支持我国经济社会全面的发展是必要的；二是加快农村金融改革，完善农村金融体系。"三农"问题是我国经济改革与发展的重中之重，针对农村金融需求的特点，在深化农村信用社改革，明确农业银行服务"三农"的基本方向和市场定位，完善农业发展银行的运作机制的同时，鼓励多种形式的农村金融组织创新，建立符合市场经济规则的金融体系；[①]三是建立多层次金融市场体系，完善金融市场功能。大力发展资本市场，扩大直接融资规模和比重，加快发展债券市场，稳步发展股票市场，促进货币市场、资本市场和保险市场协调发展，通过金融创新不断加大金融市场的广度和深度，在防范风险的前提下，建立有利于金融创新的公平市场规则，实施鼓励金融创新的监管政策，积极培育促进金融创新的社会环境。

　　第四，调整优化经济结构，筑牢可持续发展的经济基础。国际金融危机的冲击充分暴露了中国经济结构内存的矛盾和问题，主要是产业结构不合理，部分行业产能过剩，过度依赖投资和出口，自主创新能力不强，缺乏核心技术和品牌，创意设计不足，总体处于国际产业分工体系的中低

---

　　①周小川.国务院关于推进国有商业银行股份制改革深化金融体制改革工作的报告[R].全国人民代表大会常务委员会公报,2007(1):121.

端、处于产品附加值和利润分配的低端。在这样的国际分工位置上，经济发展必然依靠大量消耗物质资源驱动，资源环境难以支持，经济发展难以为继。在后危机时期，要加快调整工业结构，推动制造业与面向生产的服务业紧密结合，推动劳动密集型与资金密集型、技术密集型产业协调发展。同时要提升技术和产业产品结构，优化区域布局，改善产业组织结构。建立产业区域协调机制，根据科学规划布局，引导沿海地区与内地产业接续转移。

第五，发展战略性新兴产业，抢占技术制高点。经济危机往往会孕育出新的科技革命，技术创新是推动经济持续稳定健康发展的持久动力。在后危机时期，"低碳经济""再工业化"和"智慧地球"等新的理念被以美国为首的发达国家提出了，它们为抢占未来科技制高点，对新能源、新材料、信息环保、生命科学等领域发展加快布局。中国也应当充分利用新技术革命带来的契机，以促进信息技术的深度应用为目标，提高信息化与工业化融合水平，利用信息化技术加快传统产业改造，促进产业升级，制定实施鼓励物联网发展的政策措施，切实推动电子商务、电子政务的研发应用。在改造传统产业的同时，还要通过培育和发展新能源、新材料、生物技术、电动汽车、节能环保和先进制造业等战略性新兴产业，拓展国民经济增长点。如能通过科技创新在战略性新兴产业发展中占据制高点，创设新的比较优势，中国就能够有效提高能源利用效率，进一步提高可持续发展能力。

第六，要完善政策的带动效应，促进消费，拉动经济增长。促进消费、扩大内需等方面的举措体现在积极培育新的消费增长点和加强流通体系的现代化建设上。新的消费增长点[1]包括：一是引导热点消费，研究实施信用消费促进政策，重点带动家电、家居、汽车等耐用品消费；二是倡导绿色循环消费，加快废旧商品回收体系建设；三是提升便利消费，加快建立"一刻钟便民消费圈"，完善农产品零售终端网络，建设农贸市场、生鲜超市、社区连锁菜店和标准化菜市场；四是保障安全消费，加大打击侵权假冒力度。同时，创新流通方式，推动形成更加合理的流通发展格

---

[1]国家信息中心宏观政策动向课题组.2013年宏观经济政策七大取向[N].中国证券报,2013-1-28(A04).

局，优化流通企业结构，加强市场调控。比如，进一步加强城市流通的基础设施建设，加强城市商圈和商业街的布局，加强宽带网络等消费基础设施建设等，鼓励发展电子商务、网络购物等新型消费业态。研究实施信用消费促进政策，推动形成更加合理的流通发展格局，优化流通企业结构，加强市场调控。

三、财政政策调整中坚持"渐进性""稳健性"原则

根据第四章和第五章对我国财政政策实践效果的分析表明，由于财政政策的频繁调整，会使市场主体预期改变，加剧经济波动，因此，财政政策调整应遵循"渐进性""稳健性"原则，当政策调整保持前后继起性时，不仅可以让市场主体在行为惯性中慢慢适应新的政策变化以改变预期，而且可避免经济发展出现大起大落的现象，减少政策急剧变化带来的冲击和振荡，以保持宏观经济持续、快速、健康发展。苏格兰皇家银行首席中国经济学家高路易认为，中央政府不太可能刻意在党的十八大以后推出大规模经济刺激措施，原因之一是政府对经济较慢增长的态度比以前更宽容。[1]由此可以看出，我国政府已然了解了财政政策调整中坚持"渐进性""稳健性"原则的重要性。要坚持该原则，财政政策调整过程中就要注意协调好财政政策的长期目标、中期目标和短期目标，财政政策在执行"逆经济周期"职能时，要注重政策的连续性，同时，要根据经济形势的变化，把握好政策的实施力度、节奏、重点。

第一，协调好财政政策的长中短期目标。在合理确定我国财政政策的长期目标、中期目标和短期目标的基础上，制定符合长中短期目标的财政政策，在执行过程中，根据经济形势的变化，对财政政策进行微调，尽量做到长中短期目标相一致，若长中短期目标出现矛盾时，应在保证长期目标的前提下，中短期目标相机抉择。

第二，财政政策在执行"逆经济周期"职能时，要注重政策的连续性。自2008年我国实施积极的财政政策以来，我国的经济已经回暖，但是，我们应该看到，经济不会很快稳定在均衡水平，整个国际环境没有根本性的好转，国内经济恢复也有待进一步的稳定。如果在这个时候对财政

---

①资料来源:http://news.xinhuanet.com/18cpcnc/2012-11/13/c_113675230.htm

政策进行根本性调整，经济增长趋势得不到巩固，之后经济增长甚至会出现反复。积极的财政政策要在一段时期内继续坚持，淡出目前的政策还需时日。

第三，根据经济形势，把握好政策的实施力度、节奏、重点。当前，我国经济已处于企稳回升时期，但在经历了国际金融危机以及全球经济衰退的影响后，各项经济指标要想迅速恢复到危机之前，的确不是那么容易的。因此，我国财政政策的主基调仍是巩固经济复苏的良好势头，延续"扩大内需"的主线，继续实施积极财政政策，同时，重点强调转变增长方式和调整结构，在调控节奏上注重增加宏观调控的针对性、灵活性、前瞻性。

四、尽量排除产生"非凯恩斯效应"的客观因素的影响

第三章模型的分析和第九章实证的分析结果显示，由于我国目前商品经济繁荣，因此，导致我国财政政策产生"非凯恩斯效应"的客观因素就是劳动力市场方面。从我国目前的劳动力市场状况来看，我国知识型劳动力失业与技术型劳动力短缺并存，沿海、发达地区城市劳动力失业与偏远、落后地区劳动力短缺并存，同时，由于我国生育率下降，人口老龄化程度迅速扩大，因此，有学者认为我国劳动力供过于求的状况即将改变，逐渐转向有限剩余、结构性短缺的状况，且在劳动力转移受到限制的情况下，最迟到 2009 年，我国城市劳动力短缺现象将会出现（蔡昉，2005），并预测我国劳动年龄人口在 2015 年前后将进入负增长，届时，我国劳动力供大于求的格局将被逆转。[1]从目前来看，我国还未出现上述逆转情况，为避免上述逆转情况的出现，导致我国财政政策进入"非凯恩斯效应"区，应推进高等教育制度改革，发展职业技术学校，统筹城乡，全面推进农村城镇化，积极引导劳动力流向以及逐步调整生育政策，开发老年人市场，减缓劳动年龄人口比重的下降速度。

第一，推进高等教育制度改革，大力发展职业技术学校。一是由于我国当前的高等教育不能很好地适应我国经济发展的需要，因此，要推进高等教育改革，增加其对市场的适应能力。适度控制高校扩招的规模，根据

---

[1]蔡昉.2015 年前后,中国劳动人口增量为负[N].第一财经日报,2011-5-16(A03).

社会职业要求的需要，调整高校学科专业结构，转变传统灌输理论知识高校培养模式，注重工作技能的培养和提高，将学历教育与职业教育有效地结合起来，同时，转变就业观念，引导和鼓励大学生自主创业；二是由于我国农村大量劳动力的技能水平较低，涌入城市后从事的都是低技能的工作，而城市企业所使用的先进技术和设备要求高技能的劳动力，因此，国家应加强对地方政府发展职业教育的监督，除加大投入、给予相应政策倾斜外，应充分发挥现有高等职业技术学院、高等技工学校和技师学校的培训作用，促进高技术人才的培养，弥补高技能人才的缺失。

第二，统筹城乡，全面推进农村城镇化，积极引导新生劳动力[①]流向。一是由政府主导，吸引城市和各种先进地区的资金，在农村建立科技园区、工业园区、教育机构、医疗机构、图书馆和休闲娱乐机构等其他一些配套设施，同时，把农村城镇社区的商家经营权免费发放给建设方，允许其参与管理，提高其积极性；二是在政府财政扶持下，利用现代通信技术，积极帮助农民寻找市场和销路，在保证其收入可持续的情况下，帮助农民走自主创业致富的道路；三是选拔优秀年轻的高校毕业生到农村政府担任村干部，同时，国家给予其必需的资金和政策扶持，例如，给他们调动村内资金和一般法治治安的裁量权，并给予村内盈利的适当百分比作为奖金等，充分调动其工作的积极性。

第三，逐步调整生育政策，开发老年劳动力市场，减缓劳动年龄人口比重的下降速度。一是调整生育政策，实现人口供给的可持续发展。应根据地区、民族等特点，逐步适度放宽生育政策；二是要提高老年人口参与经济活动。要树立老年人力资源观，重塑老年人的价值观、就业观，积极建立老年人人才市场，实行积极的老年人再就业计划，逐步推行男女同年龄退休计划。要强调老年人口的教育与就业技能培训，积极开展老年大学活动，老年教育进社区、进基层。改变对老年人的"就业歧视"，要重视老年人的潜能挖掘和预热利用，尽快制定老年人参与劳动就业的相关规划；三是探索最佳的退休年龄，提高劳动力资源的利用率。

①新生劳动力是指受过高等教育的应往届毕业生在城市寻找工作或工作不到5年,且不堪城市生活压力,愿意流向农村的劳动力。

参考文献

［1］　［美］本杰明·弗里德曼，［英］弗兰克·哈恩，等.货币经济学手册.陈雨露，曾刚等译.第2卷［M］.北京：经济科学出版社，2002.

［2］　［美］布坎南，［美］瓦格纳.赤字中的民主.刘廷安，罗光译.［M］.北京：北京经济学院出版社，1989.

［3］　蔡昉.城乡收入差距与制度变革的临界点［J］.中国社会科学，2003（5）：16~25.

［4］　蔡昉.中国劳动力市场转型与发育［M］.北京：商务出版社，2005.

［5］　蔡昉.中国劳动力市场发育与就业变化［J］.经济研究，2007（7）：4~14.

［6］　蔡昉.人口转变、人口红利与刘易斯转折点［J］.经济研究，2010（4）：4~13.

［7］　蔡昉.2015年前后，中国劳动人口增量为负［N］.第一财经日报，2011-5-16（A03）.

［8］　陈建宝，戴平生.我国财政支出对经济增长的乘数效应分析［J］.厦门大学学报（哲学社会科学版），2008（5）：26~32.

［9］　陈松青.二元经济条件下财政政策有效性的思考［J］.财经研究，2001，27（8）：17~21.

［10］　储德银，黄文正.财政政策的非凯恩斯效应［J］.经济学动态，2010（10）：97~101.

［11］　储德银，童大龙.中国财政政策对居民消费需求的非对称效应——基于流动性约束视角下一个新的分析框架［J］.公共管理学报，2012，9（1）：70~79.

［12］　储德银，闫伟.财政政策与居民消费需求：非线性效应与效应的非对称性［J］.公共管理学报，2011，8（1）：52~60.

［13］　杜婷.中国经济周期波动的典型事实［J］.世界经济，2007（4）：3~12.

179

　　[14]　方红生，郭林.中国财政政策对居民消费的非线性效应：理论和实证［J］.经济问题，2010（9）：10~14.

　　[15]　方红生，张军.中国财政政策非线性稳定效应：理论和证据［J］.管理世界，2010（2）：10~24.

　　[16]　高鸿业.西方经济学（宏观部分）［M］.北京：中国人民大学出版社，2001.

　　[17]　高培勇.2013：积极财政政策"路线图"［N］.人民日报，2012-1-21（007）.

　　[18]　高铁梅.计量经济分析方法与建模—Eviews应用及案例［M］.清华大学出版社，2006.

　　[19]　高铁梅，李晓芳，赵昕东.我国财政政策乘数效应的动态分析［J］.财贸经济，2002（2）：40~45.

　　[20]　高志文，张蕾，周锦.循环经济的困境与财政政策的有效性［J］.华东经济管理，2009，23（8）：52~65.

　　[21]　［美］格雷高里·曼昆.经济学原理（梁小民译）［M］.北京：北京大学出版社，1999.

　　[22]　巩胜利.中国"市场经济地位"能迅速得到吗？［N］.中华工商时报，2010-6-2（7）.

　　[23]　国家信息中心宏观政策动向课题组.2013年宏观经济政策七大取向［N］.中国证券报，2013-1-28（A04）.

　　[24]　郭庆旺，贾俊雪.稳健财政政策的非凯恩斯效应及其可持续性［J］.中国社会科学，2006（5）：58~67.

　　[25]　郭庆旺，贾俊雪，刘晓路.财政政策与宏观经济稳定：情势转变视角［J］.管理世界，2007（5）：7~15.

　　[26]　郭庆旺，吕冰洋，何乘材.积极财政政策的乘数效应［J］.财政研究，2004，（8）：13~15.

　　[27]　何蓉，高谦.当前财政政策的有效性及更佳的政策选择［J］.上海经济研究，1999（1）：19~23.

　　[28]　胡琨.中国财政政策有效性实证研究［D］.天津：天津大学，2004.

　　[29]　胡琨，陈伟珂.中国财政政策有效性实证研究［J］.中国软科学，

2004（5）：60~65.

[30] 胡乃武，孙稳存.中国经济波动的平稳化趋势分析［J］.中国人民大学学报，2008（1）：43~48.

[31] 滑冬玲.我国利率政策效果欠佳的制度探究［J］.经济管理，2008，30（17）：22~25.

[32] 滑冬玲.后金融危机时期提高积极财政政策有效性的对策［J］.经济纵横，2010（12）：73~75.

[33] 黄威，丛树海.我国财政政策对居民消费的影响：基于省级城乡面板数据的考察［J］.财贸经济，2011（5）：31~37.

[34] 蒋永穆.传导机制·行为反应：兼论我国财政政策的有效性［J］.河南社会科学，2006，14（3）：26~30.

[35] 姜欣.基于 VEC 模型的国债发行额影响因素分析［J］.理论与现代化，2011（5）：32~37.

[36] 姜欣.我国最优的社会保障支出水平研究［J］.软科学，2012，26（5）：41~44.

[37] 姜再勇，钟正生.我国货币政策利率传导渠道的体制转换特征——利率市场化改革进程中的考察［J］.数量经济技术经济研究，2010（4）：62~77.

[38] 李长明.论财政政策的有效性与我国的财政规模［J］.数量经济技术经济研究，1997（7）：17~26.

[39] 李汉铃，徐放鸣.试论财政政策的乘数理论、挤出效应及其有效性［J］.当代经济研究，2001（5）：34~37.

[40] 李美洲，韩兆洲.非线性财政政策效应下财政赤字可持续性研究［J］.统计研究，2007，24（4）：51~57.

[41] 李生祥，丛树海.中国财政政策理论乘数和实际乘数效应研究［J］.财经研究，2004，30（1）：5~20.

[42] 李永友.稳定性财政政策有效性的边界条件：一个理论框架［J］.数量经济技术经济研究，2006（4）：30~41.

[43] 李永友.财政政策的凯恩斯效应与非凯恩斯效应［J］.上海财经大学学报，2008，10（2）：63~70.

[44] 李永友.市场主体信心与财政乘数效应的非线性特征——基于

SVAR 模型的反事实分析〔J〕.管理世界，2012（1）：46~58.

〔45〕 李永友，丛树海.居民消费与中国财政政策的有效性：基于居民最优消费决策行为的经验分析〔J〕.世界经济，2006（5）：54~64.

〔46〕 李永友，裴育.公共支出与国民产出——基于瓦格纳定律的实证检验〔J〕.财经研究，2005，31（7）：100~111.

〔47〕 李永友，周达军.投资需求、利率机制与我国财政政策的有效性〔J〕.数量经济技术经济研究，2007（5）：12~21.

〔48〕 李占风，袁知英.我国消费、投资、净出口与经济增长〔J〕.统计研究，2009，26（2）：39~42.

〔49〕 林采宜，刘磊.从增值税改革试点谈财政政策有效性〔J〕.上海金融，2011（11）：5~8.

〔50〕 刘涤源."没有凯恩斯主义"的凯恩斯效应——兼评薛进军著《凯恩斯革命的再革命》〔J〕.世界经济，1990（3）：59~63.

〔51〕 刘涤源.再论"没有凯恩斯主义的凯恩斯效应"〔J〕.经济学动态，1996（6）：3~6.

〔52〕 刘国光.中国经济走向——宏观经济运行于微观经济改革〔M〕.南京：江苏人民出版社，1998.

〔53〕 刘溶沧.论经济增长方式转变中的财政政策效应〔J〕.宏观经济研究，1999（6）：3~7.

〔54〕 刘运顶.试论欧洲经济与货币联盟（EMU）财政政策的有效性〔J〕.中南民族大学学报（人文社会科学版），2004，24（2）：97~100.

〔55〕 龙玉其.中国收入分配制度的演变、收入差距与改革思考〔J〕.东南学术，2011（1）：103~115.

〔56〕 罗云峰.中国财政政策的有效性——蒙代尔–弗莱明模型在中国的调整和应用〔J〕.上海经济研究，2010（1）：3~11.

〔57〕 吕炜，储德银.财政政策对私人消费需求的非线性效应：基于OECD跨国面板数据的经验分析〔J〕.经济社会体制比较，2011（1）：79~87.

〔58〕 马蔡琛，姜欣.地方政府融资平台的主要挑战与治理对策〔J〕.人民论坛，2012，374（8）：58~59.

〔59〕 马丽娟.开放经济条件下货币政策规则的理论模型与计量检验

［D］．长春：吉林大学，2012．

［60］ 马拴友．1983-1999：我国的财政政策效应测算［J］．中国经济问题，2001（6）：11~17．

［61］ 马拴友．财政政策与经济增长的实证分析——我国的财政政策乘数和效应测算［J］．山西财经大学学报，2001，23（4）：76~79．

［62］ 马拴友．财政政策与经济增长［M］．北京：经济科学出版社，2003．

［63］ 倪海燕．开放经济中的财政政策有效性与人民币汇率改革［J］．江西社会科学，2001（11）：42~44．

［64］ 沈坤荣，刘东皇．是何因素制约着中国居民消费．见：卫兴华，洪银兴，黄泰岩等．社会主义经济理论研究集萃——从经济大国走向经济强国的战略思维［C］．北京：经济科学出版社，2012．

［65］ 石柱鲜，石圣东，黄红梅．关于我国财政政策的有效性——利用货币流通速度的分析［J］．吉林大学社会科学学报，2003（5）：86~92．

［66］ 苏明．促进我国包容性发展的财政政策取向与建议［N］．中国经济时报，2013-1-9（6）．

［67］ 孙立行．基于人民币国际化视角的人民币汇率形成机制改革问题研究［J］．世界经济研究，2010（12）：37~42．

［68］ 汤凌霄．大国特征、金融稳定与汇率制度改革［J］．经济学动态，2011（3）：46~49．

［69］ 童大龙，储德银．财政政策对农村居民消费的非线性效应及其实证检验［J］．社会科学辑刊，2011（5）：132~135．

［70］ 王金营，蔺丽莉．中国人口劳动参与率与未来劳动力供给分析［J］．人口学刊，2006（4）：19~24．

［71］ 王立勇，高伟．财政政策对私人消费非线性效应及其解释［J］．世界经济，2009（9）：27~36．

［72］ 王立勇，刘文革．财政政策非线性效应及其解释——兼论巴罗-格罗斯曼宏观一般非均衡模型在中国的适用性［J］．经济研究，2009（7）：65~78．

［73］ 王文甫．价格粘性、流动性约束与中国财政政策的宏观效应——动态新凯恩斯主义视角［J］．管理世界，2010（9）：11~25．

183

［74］ 王志刚.中国积极财政政策是否可持续 ［J］.财贸经济，2012（9）：53~61.

［75］ 夏兴园，洪正华.财政政策与货币政策效应研究 ［M］.北京：中国财政经济出版社，2002.

［76］ 项后军，周宇.财政政策对私人消费非线性效应的存在性及触发条件研究 ［J］.财经研究，2011，37（9）：16~27.

［77］ 熊毅.国际金融危机与中国财政政策设计：功能、目标、力度 ［J］.东南学术，2009（5）：85~92.

［78］ 杨君昌.对我国财政政策有效性的若干看法——凯恩斯主义者与货币主义者在财政政策上的分歧及其启示 ［J］.当代财经，2002（1）：22~26.

［79］ 姚玲珍，王叔豪."市场机制"缺位下的利率政策与投资 ［J］.数量经济技术经济研究，2003（11）：132~136.

［80］ 袁志刚.非瓦尔拉均衡理论及其在中国经济中的应用 ［M］.上海：上海人民出版社，2006.

［81］ 袁志刚.劳动力资源的优化配置及其在中国的特别意义——评蔡昉等著《中国劳动力市场转型与发育》 ［J］.经济研究，2006（1）：123~125.

［82］ 叶文辉，楼东伟.中国财政政策的有效性分析 ［J］.山西财经大学学报，2010，32（5）：21~26.

［83］ ［美］约瑟夫·斯蒂格利茨.经济学（梁小民，黄险峰译，第2版，下册）［M］.北京：中国人民大学出版社，2000.

［84］ 易纲.中国改革开放三十年的利率市场化进程 ［J］.金融研究，2009（1）：1~14.

［85］ ［美］詹姆斯·K.加尔布雷思，小威廉·戴瑞提.宏观经济学（孙鸿敞，刘建洲译，第1版）［M］.北京：经济科学出版社，1997.

［86］ 张丹.私人消费、地方政府支出与政府偿债能力——基于面板模型的财政政策"凯恩斯效应"的检验 ［J］.当代经济，2010（7）：12~15.

［87］ 张宏博.论财政政策对居民消费的非线性影响 ［J］.时代金融，2012（4）：120~123.

［88］ 张明喜，高倚云.我国财政政策非线性效应的理论探讨与检验

［J］.财贸研究，2008（5）：56~63.

［89］ 张世英，李忠民.非均衡经济计量建模与控制［M］.天津：天津大学出版社，2002.

［90］ 张晓峒.计量经济分析［M］.北京：经济科学出版社，2000.

［91］ 张馨，康锋莉.中国相机抉择型财政政策：时间一致性分析［J］.管理世界，2007（9）：17~26.

［92］ 张瀛.金融市场、商品市场一体化与货币、财政政策的有效性——基于 OR 分析框架的一个模型与实证［J］.管理世界，2006（9）：13~25.

［93］ 张延.中国财政政策的"挤出效应"——基于 1952~2008 年中国年度数据的实证分析［J］.金融研究，2010（1）：58~66.

［94］ 张志超，姜欣.资本主义经济危机演化与美国财政政策实践［J］.高校理论战线，2012（8）：22~26.

［95］ 张志宏.对我国利率政策及其存在问题的分析与建议［J］.财贸经济，2002（10）：30~32.

［96］ 张治觉，吴定玉.我国政府支出对居民消费产生引致还是挤出效应——基于可变参数模型的分析［J］.数量经济技术经济研究，2007（5）：53~61.

［97］ 赵国旭，邬华明.开放经济下我国财政政策的有效性分析［J］.财经问题研究，2008（6）：99~104.

［98］ 赵卫星.关于积极财政政策的有效性探讨［J］.西安交通大学学报，2001，35（12）：39~41.

［99］ 曾祥旭.低生育水平下中国经济增长的可持续性研究——以人口为分析要因［D］.成都：西南财经大学，2011.

［100］ 中国社会科学院经济体制改革 30 年研究课题组.论中国特色经济体制改革道路（上）［J］.经济研究，2008（9）：4~15.

［101］ 钟永红.中国经济增长中货币政策与财政政策有效性的比较检验［J］.财经论丛，2007（5）：42~47.

［102］ 钟永红.中国金融发展中货币政策与财政政策有效性的比较检验［J］.广东金融学院学报，2007，22（2）：29~34.

［103］ 钟永红.中国货币财政政策有效性的比较检验［J］.北京工商大

185

学学报（社会科学版），2007，22（5）：17~21.

　　[104]　周小川.国务院关于推进国有商业银行股份制改革深化金融体制改革工作的报告［R］.全国人民代表大会常务委员会公报，2007（1）：117~122.

　　[105]　朱杰.开放经济下私人部门外债与财政政策有效性分析：基于M-F模型的理论视角［J］.世界经济，2002（9）：46~51.

　　[106]　Abizadeh S., Yousefi M. Deficits and Inflation: An Open Model of the United States ［J］. Applied Economics, 1998,（30）: 1307~1316.

　　[107]　Adam C.S., Bevan D. L. Fiscal Policy Design in Low–Income Countries ［R］. WIDER–UN University Discussion Paper No. 67, 2001.

　　[108]　Aghevli B.B., M.S. Khan. Government Deficits and the Inflationary Process in Developing Countries ［J］. IMF Staff Papers, 1978, 25 (3): 383~416.

　　[109]　Ahmed S. Temporary and Permanent Government Spending in an Open Economy: Some Evidence for the United Kingdom ［J］. Journal of Monetary Economics, 1986, 17 (2): 197~224.

　　[110]　Aiyagari, S.Rao, Christiano, et al. The output, Employment, and Interest Rate Effects of Government Consumption ［J］.Journal of Monetary Economics, 1992, 30 (10): 73~86.

　　[111]　Alberto Alesina, Roberto Perotti. Fiscal Adjustments in OECD Countries: Composition and Macroeconomic Effects ［R］. International Monetary Fund Staff Papers, 1997, 44 (2): 210~248.

　　[112]　Alberto Alesina, Silvia Ardagna, Roberto Perotti, et al. Fiscal policy, Profits and Investment ［R］. Working Paper No. 7207, 1999.

　　[113]　Andrea Sara, Schirokauer B.A. An Evaluation of the Effectiveness of Fiscal Policy during Banking Crises ［D］. Washington DC: Georgetown University, 2011.

　　[114]　Andrew Felton, Carmen M.Reinhart. The First Globlal Financial Crisis of the 21st Century ［M］. New Brunswick: Centre for Economic Policy Research, 2011.

　　[115]　Andrzej Rzonca, Piotr Cizkowicz. Non–Keynesian Effects of Fiscal

Contraction in New Member States ［R］. ECB Working Papers No. 519, 2005.

［116］ Angelopoulos K, Economides G., Kammas P. Tax -spending Policies and Economic Growth: Theoretical Predictions and Evidence from the OECD ［J］. European Journal of Political Economy, 2007, 23 (4) : 885~902.

［117］ Anton Burger. Reasons for the U.S.Growth Period in the Nineties: Non -Keynesian Effects, Asset Wealth and Productivity ［R］. Vinenna University of Economics & B.A.Working Paper No. 95, 2006.

［118］ Antonio Afonso. Non -Keynesian Effects of Fiscal Policy in the EU -15 ［R］. Working Paper of Department of Economics, Universidade Tecnica de Lisboa No. 2001/07/DE, 2001.

［119］ A.R.Jalali -Naini. Economic Growth and Fiscal Policy ［Z］. 2000, http://www.erf.org.eg.

［120］ Aschauer D.A. Fiscal Policy and Aggregate Demand ［J］. American Economic Review, 1985, 75 (1) : 117~127.

［121］ Backus David, Driffill John.Inflation and Reputation ［J］. American Economic Revie, 1985, 75 (6) : 530~538.

［122］ Baqir Reza. Districting and Government Overspending ［J］. Journal of Political Economy, 2002, 110 (12) : 1318~1354.

［123］ Barro R. J. Government Spending in a Simple Model of Endogenous Growth ［J］. Journal of Political Economy, 1990, 98 (5) : 103~ 125.

［124］ Barro R. J. Macroeconomics ［M］. New York:John Wiley&Sons, Inc, 1993.

［125］ Barro R. J. Inflation and economic growth ［R］. Bank of England Quarterly Bulletin, 1995.

［126］ Barro R, Sala I, Martin X. Public Finance in Models of Economic Growth ［J］. Review   of Economic Studies, 1992, (4) , 645~661.

［127］ Bas van Aarle, Harry Garretsen. Keynesian, Non-Keynesian or no Eeffects of Fiscal Policy Changes? The EMU Case ［J］. Journal of Macroeconomics, 2003, (25) : 213~240.

［128］ Bernd Lucke. Non -Keynesian Effects of Fiscal Contractions:

Theory and Applications for Germany 〔R〕. Working Paper, No. EC/96021, 1997.

〔129〕 Bertola G., Drazen A. Trigger Points and Budget Cuts: Explaining theEffects of Fiscal Austerity 〔J〕. American Economic Review, 1993, 83 (9): 11~26.

〔130〕 Blanchard O. J. Comment on Can Severe Fiscal Contractions Be Expansionary? 〔J〕. NBER Macroeconomics Annual, 1990, 111~116.

〔131〕 Blejer, Khan. Government Policy and Private Investment in Developing Countries 〔J〕. IMF Staff Paper, 1984, 31 (2): 379~403.

〔132〕 Blinder, Alan S., Solow, Robert M. Does Fiscal Policy Matter? 〔J〕. Journal of Public Economics, 1976, 2 (11): 318~337.

〔133〕 Brunila A. Fiscal Policy and Private Consumption −Saving Decisions: European Evidence 〔M〕. Helsinki: Bank of Finland, 1997.

〔134〕 Canale, Rosaria Rita, Foresti et al. On Keynesian Effects of Non−Keynesian Fiscal Policies 〔R〕.MPRA Working Paper No. 3742, 2007.

〔135〕 Carlson K. M., R. W. Spencer. Crowding Out and Its Critics 〔J〕. Federal Reserve Bank of St.Louis Review, 1975, 12:1~19.

〔136〕 Cebula R. J. Federal Budget Deficits: An Economic Analysis 〔M〕. Lanham: Lexington Books, 1987.

〔137〕 Christian Pierdzioch. Capital Mobility and the Effectiveness of Fiscal Policy in Open Economies 〔R〕. Kiel Working Paper No. 1164, 2003.

〔138〕 Cochrane J. H. Long Term Debt and Optimal Policy in the Fiscal Policyof Price Level 〔J〕. Econometrica, 2001, 69 (1): 69~116.

〔139〕 Cover J. Asymmetric Effects of Positive and Negative Money −Supply Shocks 〔J〕. Quarterly Journal of Economics, 1992, 107 (4): 1261~1282.

〔140〕 Cox M. Inflation and Permanent Government Debt 〔R〕. Federal Reserve Bank of Dallas Economic Review, 1985, (5): 13~26.

〔141〕 Darrat A. F. Inflation and Federal Budget Deficits: Some Empirical Results 〔J〕. Public Finance Review, 1985, 13 (2): 206~215.

〔142〕 Devarajan S., Swaroop V., Zou H. The Composition of Public

Expenditure and Economic Growth ［J］. Journal of Economic, 1996, 37 (2) : 313~344.

［143］ Dornbusch R., S.Fischer. Macroeconomics ［M］. Columbus: McGraw-Hill, Inc, 1994.

［144］ Dwyer G. P. Inflation and Government Deficits ［J］. Economic Inquiry, 1982, (20) : 315~329.

［145］ Easterly W., Rebelo S. Fiscal Policy and Economic Growth ［J］. Journal of Monetary Economics, 1993, 32 (3) : 417~458.

［146］ Easterly, Roodriguz, Schmidt-Hebbel. Public Sector Deficits and Macroeconomic Performance ［M］. London: Oxford University Press, 1994.

［147］ Edward Marcus. The Effectiveness of Canadian Fiscal Policy ［J］. The Journal of Finance, 1952, 7 (4) : 559~579.

189

［148］ Emanuele Baldacci, Marco Cangiano, Selma Mahfouz, Axel Schimmelpfenning. The Effectiveness of Fiscal Policy in Stimulating Economic Activity An Empirical Investigation ［J］. IMF Annual Research, 2001, 1~45.

［149］ Evans P. Do Budget Deficits Raise Nominal Interest Rates? Evidence from Six Countries ［J］. Journal of Monetary Economics, 1987, 20 (2) : 281~300.

［150］ Fatas A., I.Mihov. The Case for Restricting Fiscal Policy Discretion ［J］. Quarterly Journal of Economics, 2003, 118 (4) : 1419~1448.

［151］ Feldstein. Inflation, Tax Rules and the Stock Market ［J］. Joumal of Monetary Eeonomies, 1980, 6 (3) : 309~331.

［152］ Feldstein M. Government Deficits and Aggregate Demand ［J］. Journal of Monetary Economics, 1982, 9 (1) : 1~20.

［153］ Fisher, Walter H., Stephen J. Turnovsky. Public Investment, Congestion, and Private Capital Accumulation ［J］. The Economic Journal, 1998, 108 (3) : 399~413.

［154］ Florian Hoppner, Katrin Wesche. Non-linear Effects of Fiscal Policy in Germany: A Markov-Switching Approach ［R］. Bonn Econ Disscussion Papers N0. 9/2000, 2000.

［155］ Francesco Giavazzi, Marco Pagano.Can Severe Fiscal Contractions be Expansionary? Tales of Two Small European Countries ［J］. NBER Macroeconomics Annulas, 1990, (5) : 111~116.

［156］ Francesco Giavazzi, Marco Pagano. Non－Keynesian Effects of Fiscal Policy Changes: International Evidence and the Swedish Experience ［J］. Swedish Economic Policy Review, 1996, (3) : 67~103.

［157］ Francesco Giavazzi, Tullio Japelli, Marco Pagano. Searching for Non－linear Effectes of Fiscal Policy: Evidence from Industrila and Developing Countries ［J］. European Economic Review, 2000, 44 (7) : 1259~1289.

［158］ Gavin M., R. Perotti. Fiscal Policy in Latin America in: B. Bernanke, J. J. Rotemberg （eds.）, NBER Macroeconomic Annual ［C］. Chicago: University of Chicago Press, 1997.

［159］ Graham F.C. Government Debt, Government Spending, and Private Sector Behavior:Comment ［J］. American Economics Review, 1995, 85 (5) : 1348~1356.

［160］ Grossman H. I. The American Fiscal Deficit: Facts and Effects ［R］. NBER Working Paper No. 934, 1982.

［161］ Gupta S., Clements B., Baldacci E., Mulas C. Expenditure Composition, Fiscal Adjustment, and Growth in Low－Income Countries ［R］. IMF Working Paper, 2002.

［162］ Hansen, Alvin H. A Guide to Keynes ［M］. New York: McGraw－Hill, 1953.

［163］ Hjelm G. Is Private Consumption Growth Higher (Lower) during Periods of Fiscal Contractions (Expansions) ? ［J］. Journal of Macroeconomics, 2002, 24 (1) : 17~39.

［164］ Ibironke Adesola Bamidele. Empirical Analysis of the Effectiveness of Government Expenditure as a Fiscal Policy Instrument in the Nigerian Economy ［J］. Business Administration and Management, 2011, 1 (7) : 233~238.

［165］ Istvan Benczes. The Importance of Institutions in Expansionary Fiscal Consolidations: A Critical Assessment of Non－Keynesian Effects ［R］. TIGER Working Paper No. 88, 2006.

［166］ James Tobin. Keynesian Models of Rocession and Depression ［J］. The American Ecomomic Review, 1975, 65 (2) : 195~202.

［167］ Jie Li, Lihua Tang. The Effectiveness of Fiscal and Monetary Policy Responses to Twin Crises ［J］. Applied Economics, 2013, 45 (27) : 3904~3913.

［168］ John B. Tayor. Reassessing Discretionary Fiscal Policy ［J］. The Journal of Economics Perspectives, 2000, 14 (3) : 21~36.

［169］ Jones J.B. Has Fiscal Policy Helped Stabilize the Postwar U.S. Economy? ［J］. Journal of Monetary Economics, 2002, 49 (5) : 709~746.

［170］ Keynes. The General Theory of Employment,Interest and Money ［M］. New York: Harcourt, Brace and World, 1936.

［171］ Keynes, John Maynard. The General Theory of Employment ［M］. Quarterly Journal of Economics, 1937, 51 (2) : 209~223.

［172］ Kneller R., Bleaney M.F., Gemmell N. Fiscal Policy and Growth: Evidence from OECD Countries ［J］. Journal of Public Economics, 1999, 74 (2) : 171~190.

［173］ Kormedi R. C. Government Debt, Government Spending, and Private Sector Behavior: Reply ［J］. American Economics Review, 1986, 76 (5) : 1180~1187.

［174］ Kormedi R. C., P.Meguire. Government Debt, Government Spending, and Private Sector Behavior: Reply and Update ［J］. American Economics Review, 1990, 80 (3) : 604~617.

［175］ Kristian Jonsson. Effective Consumption and Non –Keynesian Effects of Fiscal Polic–y ［R］. Lund University Disscussion Papers No. 11, 2004.

［176］ Lorenzo Forni, Massimiliano Pisani. The Effectiveness of Fiscal Policy in the Euro Area: The Role of Coordination ［Z］. 2009.

［177］ Lucas R. E. Supply–side Economics:An Analytical Review ［J］. Oxford Economic Papers, 1990, (42) : 293~316.

［178］ Luiz de Mello, Per M.Kongsrud, Robert Price. Saving Behaviour and the Effectiveness of Fiscal Policy ［R］. OECD Economics Department

Working Paper No. 397, 2004.

［179］ Manuel Coutinho Pereira. Rebisiting the Effectiveness of Monetary and Fiscal Policy in the US, Measured on the Basis of Structural Vars ［J］. Banco De Portugal, 2012, (3) : 87~100.

［180］ Marinheiro F., A.Sterling. Government Debt, Government Spending, and Private Sector Behavior: Comment ［J］. American Economics Review, 1986, 76 (5) : 1168~1179.

［181］ Marius–Corneliu Marinas. The Efffectiveness of Fiscal Policy in Combating Economic Crisis. An Analysis Based on the Economic Literature ［J］. Theoretical and Applied Economics, 2010, 7 (11) : 63~78.

［182］ McDermott C. J., R.F.Wescott.An Empirical Analysis of Fiscal Adjustments ［R］. IMF Staff Papers, 1996, 43 (4) : 725~753.

［183］ Miller P. Higher Deficits Policies Lead to Higher Inflation ［J］. Federal Reserve Bank of Minneapolis Quarterly Review, 1983 (Win) : 8~19.

［184］ Mohamed Hassan. Procyclicality, Fiscal Dominance, and the Effectiveness of Fiscal Policy in Egypt ［N］. 2012.

［185］ Neicheva, Maria. Non–Keynesian Effects of Government Spending: Some Implications for the Stability and Growth Pact ［R］. MPRA Working Paper No. 5277, 2007.

［186］ Nicolas–Guillaume Martineau, Gregor W.Smith.Identifying Fiscal Policy (In) Effectiveness from the Differential A doption of Keynesianism in the Interwar Period ［R］. Queen's Economics Department Working Paper No. 1290, 2012.

［187］ Niskanen W. A. Deficits, Government Spending and Inflation: What is the Evidence? ［J］. Journal of Monetary Economics, 1978, (4) : 591~600.

［188］ Paul A. Samuelson. Economics (3rd edition) ［M］. New York: McGraw Hill Inc., 1955.

［189］ Persson M., Persson T., Svesson L.Debt, Cash Flow and Inflation Incentives: A Swedish Example ［R］. NBER Working Paper No. 5772, 1996.

［190］ Philip Arestis, Malcolm Sawyer. On the Effectiveness of Monetary

Policy and Fiscal Policy 〔R〕. The Economics Institute of Bard College Working Paper No. 369, 2003.

〔191〕 Ram R. Government Size and Economic Growth: A New Framework and Some Evidence from Cross –Section and Time –Series Data 〔J〕. The American Economic Review, 1986, 76 (1) : 191~203.

〔192〕 Ramey V. A. Identifying Government Spending Shocks: It's all in the Timing 〔J〕. The Quarterly Journal of Economics, 2011, 126 (1) : 1~50.

〔193〕 Richard Hemming, Michael Kell, Selma Mahfouz. The Effectiveness of Fiscal Policy in Stimulating Economic Activity–A Review of the Literature 〔R〕. IMF Working Paper (WP/02/208) , 2002.

〔194〕 Robert J. Barro. Are Government Bonds Net Wealth? 〔J〕. Journal of Political Economy, 1974, 82 (6) : 1095~1117.

〔195〕 Roberto Perotti. Estimating the Effects of Fiscal Policy in OECD Countries 〔R〕. European Network of Economic Policy Research Institutes, Working Paper No. 15, 2002.

〔196〕 Roberto Perotti. Estimating the Effects of Fiscal Policy in OECD Countries 〔R〕. IGIER Working Paper No. 276, 2004.

〔197〕 Romer C. D. Changes in Business Cycles: Evidence and Explanations 〔J〕. Journal of Economics Perspectives, 1999, 13 (2) : 23~44.

〔198〕 Ronald C. Fisher. State and Local Public Finance (Second Edition) 〔M〕. Edit by Richard D. Irwin, Inc. comPany, 1996.

〔199〕 Sanjeev Gupta, Carlos Mulas –Granados. The Effectiveness of Fiscal Policy During Banking Crises: An Empirical Assessment of 118 Cases 〔R〕. IMF Working Paper (WP/09) , 2009.

〔200〕 Sargent T. J. Rational Expectations and Inflation 〔M〕. New York: Harper&Row, 1986.

〔200〕 Seok –Kyun Hur. Measuring the Effectiveness of Fiscal Policy in Korea 〔J〕. National Bureau of Economic Research, 2007, 16 (10) : 63~92.

〔201〕 Sims C. A Simple Model for the Study on the Determination of the Price Level and Interaction of Monetary and Fiscal Policy 〔J〕. Economic Theory, 1994, 4 (3) : 381~399.

〔202〕 Sorensen B. E.,O.Yosha. Is State Fiscal Policy Asymmetric over The Business Cycle? 〔R〕. Federal Reserve Bank Staff Paper, 2001, 43~64.

〔203〕 Steven M.Fazzari. Why Doubt the Effectiveness of Keynesian Fiscal Policy? 〔J〕. Journal of Post Keynesian Economics, 1994, 17 (2) : 231~248.

〔204〕 Subarna K.Samanta, J.Georg Cerf. Income Distribution and the Effectiveness of Fiscal Policy: Evidence from some Transitional Ecomomies 〔J〕. Journal of Economics and Business, 2009, 7 (1) : 29~45.

〔205〕 Sutherland A. Fiscal Crises and Aggregate Demand: Can High Public Debt Reverse the Effects of Fiscal Policy? 〔J〕. Journal of Public Economics, 1997, 65 (2) : 147~162.

〔206〕 Tricia Coxwell Snyder, Donald Bruce. Tax Cuts and Interest Rate Cuts: An Empirical Comparison of the Effectiveness of Fiscal and Monetary Policy 〔J〕. Journal of Business and Economics Reasearch, 2011, 2 (8) : 1~12.

〔207〕 Turnovsky S. Fiscal Policy, Elastic Labor Supply, and Endogenous Growth 〔J〕. Journal of Monetary Economics, 2000, (45) : 185~210.

〔208〕 Vitor Manuel da Costa Carvolho. Non-Keynesian Effects of Fiscal Policy in a New -Keynesian General Equilibrium Model for the Euro Area 〔D〕. Coimbra: Faculdade de Economia da Universidade do Porto, 1994.

〔209〕 Walter Perrin Heller, Ross M.Starr. Capital Market Imperfection, the Consumption Fun-ction, and the Effectiveness of Fiscal Policy 〔J〕. The Quarterly Journal of Economics, 1979, 93 (3) : 455~463.

〔210〕 Wei Li. Comment on "Measuring the Effectiveness of Fiscal Policy in Korea" 〔J〕. National Bureau of Economic Research, 2007, 16 (10) : 93~97.

〔211〕 Willem H. Buiter. "Crowding Out" and the Effectiveness of Fiscal Policy 〔J〕. Journal of Public Economics, 1977, 7 (3) : 309~328.

〔212〕 Woodford M. Fiscal Requirements for Price Stability 〔J〕. Journal of Money, Credit and Banking, 2001, 33 (3) : 669~728.

〔213〕 Yung Chul Park. The Transmission Process and the Relative Effectiveness of Monetary and Fiscal Policy in a Two-Sector Neoclassical Model 〔J〕. Journal of Money, Credit and Banking, 1973, 5 (2) : 595~622.

后　记

　　自 1998 年以来，我国经济连续多年来高位运行，尽管 2008 年的金融危机对我国经济增长发生某些不利影响，但此后连续两年的经济增长率依然接近 10%。尽管如此，我国宏观经济的结构问题却变得更为严重：一是消费市场拓展难度增大，消费增长难以保持在一个较高的水平上；二是近年来货币发行量增长较快，国内物价水平持续出现了向上波动的压力；三是政府，尤其是地方政府的社会投资热情高涨，而私人投资则裹足不前；四是中央政府用于宏观经济调控的手段有限，而调控目标在短期内频繁变动。在这样的国内经济大背景下，人们更加关心政府制定的财政政策，作为政府宏观调控的主要工具之一，能否切实发挥总量调整与结构调整的双重作用，能否在较短的时期内实现既定的社会经济目标，如此等等直接涉及国计民生的重要问题。逻辑上讲，只有在全面、科学地了解财政政策发挥社会经济调节效应的基本规律之后，政府才能懂得如何使财政政策有效地发挥作用，在保证经济增长的同时缓解宏观经济中的结构问题，才能最终做到有的放矢地制定相应的财政政策以妥善解决上述诸问题。可见，在我国加快研究财政政策之"有效性"问题乃当务之急，具有重要的现实意义。

　　正是出于上述考虑，笔者决定将财政政策有效性及非凯恩斯效应问题列为本书的主要研究内容，也深知这一研究工作的重要性和迫切性。笔者希望通过对我国现行财政政策的有效性及非凯恩斯效应问题进行理论分析和实证检验，得出某些有价值的研究成果，并为我国财政政策实践提供一些有意义的指导。

　　本书是在博士论文基础上改写后形成的。作为阶段性研究成果，本书也还存在某些不足之处。例如，受个人学识水平、可用资料数据等客观因素局限，笔者虽然证明了在我国的财政经济过程中存在着"非凯恩斯效应"，也深入分析了其对现行财政政策的影响，但并未对"非凯恩斯效应"的作用机制展开深入探讨，希望在后续的科研活动中尽快完善这方面的研究内容。

　　在本书即将出版之际，感谢给予过支持和帮助的各位老师和朋友们。首先，感谢我的博士生导师——南开大学张志超教授，感谢在我学习期间，张老师对我悉心教导；感谢我工作后，张老师对我关心和帮助。其次，感谢南开大学博士生导师——马蔡琛教授，感谢在学期间，马老师带着我做课题，参与学术活动，悉心指导我的学习。最后，感谢山西经济出版社的李慧平副总编，在本书的修改过程中，李总编给予我重要的帮助，使得我的书稿能够顺利地完成。

姜　欣

2018 年 8 月

图书在版编目(CIP)数据

宏观经济政策效应分析 / 姜欣著. -- 太原：山西
经济出版社，2018.8
（现代财政制度与国家治理前沿文库 / 马蔡琛主编）
ISBN 978-7-5577-0340-0

Ⅰ.①宏… Ⅱ.①姜… Ⅲ.①宏观经济—经济政策—
政策效应—研究—中国 Ⅳ.①F120

中国版本图书馆 CIP 数据核字(2018)第 168488 号

宏观经济政策效应分析

HONGGUAN JINGJI ZHENGCE XIAOYING FENXI

著　　者：姜　欣
出 版 人：张宝东
责任编辑：李慧平
特约编辑：曹恒轩
装帧设计：阳　光

出 版 者：山西出版传媒集团·山西经济出版社
地　　址：太原市建设南路 21 号
邮　　编：030012
电　　话：0351-4922133(市场部)
　　　　　0351-4922085(总编室)
E – mail：scb@sxjjcb.com(市场部)
　　　　　zbs@sxjjcb.com(总编室)
网　　址：www.sxjjcb.com

经 销 者：山西出版传媒集团·山西经济出版社
承 印 者：山西出版传媒集团·山西新华印业有限公司

开　　本：787mm×1092mm　1/16
印　　张：13
字　　数：225 千字
印　　数：1—1600 册
版　　次：2018 年 12 月　第 1 版
印　　次：2018 年 12 月　第 1 次印刷
书　　号：ISBN 978-7-5577-0340-0
定　　价：45.00 元